La société de libre partenariat

Le droit aujourd'hui

La collection « Le droit aujourd'hui » regroupe des études juridiques concernant des problèmes d'actualité nationale et internationale, dans divers domaines (éthique, politique, questions de société…).

Déjà parus

Mickaël Le Borloch, *L'application du droit d'auteur aux hyperliens, Analyse de droit français et de droit américain*, 2019.

Arafat Abi, *La protection des droits des migrants, Interactions entre la protection des droits de l'homme et la protection diplomatique et consulaire*, 2019.

Georges Labrecque, *Les cours d'eau internationaux. Étude jurisprudentielle*, 2019.

Fabien Bottini, *Droits fondamentaux et crise(s) des solidarités*, 2019.

Hadi Azari, *La demande reconventionnelle devant la Cour internationale de Justice,* 2018.

Claire Joachim, *Protection de la qualité des eaux douces au canada et dans l'union européenne, Le partage des compétences,* 2018.

Ianjatiana Randrianandrasana, *Le droit de la protection de la nature à Madagascar : entre centralisme et consensualisme*, 2018.

Wendkouni Judicaël Djiguemdé, *L'aménagement conventionnel de la société commerciale en droit français et en droit OHADA*, 2018.

A. A. Cançado Trindade, *Vers un nouveau* jus gentium *humanisé. Recueil des opinions individuelles du juge A. A. cançado trindade*, 2018.

Fabienne Labelle et Damien Thierry (dir.), *Droit des sites et sols pollués. Bilans et perspectives*, 2018.

Moustapha Kamara (avec la collaboration d'Isabel Falconer et Samba Thiam), *Le contentieux du transfert des joueurs devant la FIFA et le Tribunal arbitral du sport. Guide juridique pratique*, 2017.

Romain Feydel

La société de libre partenariat

Régime juridique et fiscal

L'Harmattan

Du même auteur

Le refinancement d'entreprises en difficulté, contribution à l'optimisation juridique du concept de capital-retournement, Thèse de doctorat, ss. dir. M. BAYLE et Th. LÉOBON, Univ. de Limoges, 28 juin 2019, 701 p.

La société par actions simplifiée et le financement d'entreprises en difficulté, L'Harmattan, décembre 2016, 204 p.

Iuris prudencia - Tome I, Chroniques en droit des affaires, Len, juin 2016, 340 p.

La fluidité du marché, préf. E. Maurin, Len, septembre 2015, 462 p.

5-7, rue de l'École-Polytechnique – 75005 Paris
www.editions-harmattan.fr

ISBN : 978-2-343-19056-3
EAN : 9782343190563

À Maör, mon fidèle ami

Principaux sigles et abréviations

ACPR	Autorité de contrôle prudentiel et de résolution
Act. Bancaire	Actualité bancaire
Act. Jurispr.	Actualité jurisprudentielle
aff.	Affaire
AFIA	Autre fonds d'investissement alternatif
AG	Assemblée générale
AIFM	Alternative Investment Fund Manager
AJ	Actualité jurisprudentielle
al.	alinéa
AMF	Autorité des marchés financiers
AN	Assemblée Nationale
ann.	Annexe
app.	appendice
Art.	Article
Art. préc.	Article précité
Ass. plén.	Assemblée plénière
BJS	Bulletin Joly Sociétés
BODACC	Bulletin officiel des annonces civiles et commerciales
BOI	Bulletin officiel des impôts
c/	contre
CA	Cour d'appel
Cass	Cour de cassation

Cass. ass. Plén	Arrêt de l'assemblée plénière de la Cour de Cassation
Cass. Com	Arrêt de la chambre commerciale de la cour de cassation
Cass. crim.	Arrêt de la chambre criminelle de la cour de cassation
CCI	Chambre de commerce et d'industrie
C. Civ.	Code civil
C. Com.	Code de commerce
CE	Conseil d'État
CGI	Code général des impôts
chron.	Chronique
civ. 1re	Première Chambre civile de la Cour de cassation
civ. 2e	Deuxième Chambre civile de la Cour de cassation
CMF	Code monétaire et financier
coll.	collection
C. pén.	Code pénal
Dal.	Dalloz
Dal. aff.	Dalloz affaires
doc.	document
D. sociétés	Droit des sociétés
EEE	Espace économique européen
ESMA	European Securities and Markets Au thorithy
et al.	et autres
FIA	Fonds d'investissement alternatif
fin.	Finance
fisc.	Fiscal
FPCI	Fonds professionnel de capital investissement
FPS	Fonds professionnel spécialisé

Gp	General partner
G. Pal.	Gazette du Palais
Ibid.	Au même endroit
Infra.	Au-dessus
IR	Impôt sur le revenu
IS	Impôt sur les sociétés
JO	Journal officiel
JORF	Journal officiel de la République française
OUE	Journal officiel de l'Union européenne
jurispr.	Jurisprudence
L.	Loi
LP	Limited partnership
Lp	Limited partner
n.	note
Op. cit.	Opere citato, cité précédemment
OPC	Organisme de placement collectif
OPCVM	Organisme de placement collectif en valeurs mobilières
Ord.	Ordonnance
p.	page
pp.	pages
plén.	Plénière
PME	Petite et moyenne entreprise
Pos.	Position
Pos.-recom.	Position-recommandation
préc.	Précité
RB	Revue bancaire
rapp.	rapport
RDA	Revue droit et affaires
RD. banc.	Revue droit bancaire
recomm.	recommandation

réf.	référence
rev.	revue
s.	suivant(s)
SCS	Société en commandite simple
SCSp	Société en commandite spéciale
SIC	Société immobilière de copropriété
SICAF	Société d'investissement à capital fixe
SICAV	Société d'investissement à capital variable
SIPS	Société d'investissement professionnelle spécialisée
SLP	Société de libre partenariat
SOCAI	Société de capital-investissement
Soparfi	Société de participation financière
Supra	Plus haut
t.	tome
V.	Voir
vol.	volume

Sommaire

Introduction

01. Un mutant juridique[1]. La société de libre partenariat a soulevé bon nombre de commentaires doctrinaux lors de sa création par la loi dite « Macron » en août 2015[2]. Cette nouvelle forme sociale est un véhicule d'investissement hybride du fait qu'elle a été introduite dans le code monétaire et financier et non dans le code de commerce. Ce n'est pas le cas de ses concurrentes de droit interne. Celles-ci sont régies par le code de commerce et sont « libres » d'utilisation. De plus, si la société de libre partenariat repose en partie sur le régime juridique de la société en commandite simple, elle s'en éloigne également sur de nombreux points. Son utilisation reste réservée à la création d'un fonds professionnel spécialisé comme nous le détaillerons plus loin[3]. Ces spécificités poussent de nombreux auteurs à qualifier la société de libre partenariat de « mutant juridique »[4].

02. Un objectif ambitieux. Comme l'expliquait le ministre de l'Économie et des Finances de l'époque devant le Sénat lors des débats parlementaires relatifs à l'article 145 du projet de loi pour la croissance, l'activité et l'égalité des

---

[1] A. COURET, P. LE ROUX, J. SUTOUR, « La société de libre partenariat : anatomie d'un mutant juridique », *Rev. trim. de dr. fin.*, 1er novembre 2015, n°3, pp.69-70.

[2] Loi n° 2015-990 du 6 août 2015 pour la croissance, l'activité et l'égalité des chances économiques, JORF n°0181 du 7 août 2015 p.13537.

[3] V. *Infra.*, n° 79 et s.

[4] A. COURET, P. LE ROUX, J. SUTOUR, *art. préc.*

chances économiques, la société de libre partenariat s'inspire directement du *limited partnership* anglo-saxon et de la société en commandite spéciale luxembourgeoise[5]. Aussi, l'Autorité des marchés financiers déclare que la société de libre partenariat « a pour objectif d'attirer de grands investisseurs français et étrangers et de permettre une flexibilité de gestion, à l'image des *limited partnerships*, tout en apportant une sécurité juridique aux gestionnaires et aux investisseurs »[6].

Au regard de cette définition, la société de libre partenariat était très attendue par les praticiens du capital-investissement. Or, si cette forme sociale connaît une utilisation tendant à remplacer peu à peu celle du fonds commun de placement, son essor est encore loin d'être acquis. Seules soixante-quatorze unités sont enregistrées au registre du commerce et des sociétés de Paris en décembre 2018[7]. Un chiffre qui semble stagner avec seulement six nouvelles immatriculations au premier février 2019[8]. Avec les autres sociétés de personnes, la société de libre partenariat ne correspond qu'à 3 % des immatriculations globales réalisées pour l'année 2018 auprès du registre du commerce et des sociétés de Paris[9]. On est bien loin de l'objectif affiché par les gouvernants lors de son lancement.

---

[5] E. MACRON, Sénat, Séance du 17 avril 2015 relative à l'amendement n° 35, présenté par Mme Assassi, M. Bocquet, Mme Beaufils, M. Foucaud.

[6] Site internet de l'AMF : https://www.amf-france.org/Reglementation/Dossiers-thematiques/Epargne-et-prestataires/Gestion-alternative/Creation-de-la-societe-de-libre-partenariat--SLP----l-AMF-met-a-jour-son-reglement-general -et-son-instruction-DOC-2012-06-.html

[7] Donnée qui nous a été communiquée par le Greffe du tribunal de commerce de Paris spécifiquement pour cette thèse, et ce de manière prompte et courtoise.

[8] *Ibid.*

[9] Greffe du tribunal de commerce de Paris, « Baromètre du tribunal de commerce de Paris », 2018, p. 1.

Les investisseurs montrent une prudence vis-à-vis de la société de libre partenariat, préférant encore opter pour une holding traditionnelle car plus adaptée à la pratique de l'investissement à risque d'après eux[10]. Ce n'est pas le cas dans certains pays européens comme le Luxembourg[11]. Mais dans l'ordre interne de ces derniers, leur véhicule d'investissement inspiré du *limited partnership* présente une plus grande souplesse juridique et fiscale[12]. L'objectif était-il trop ambitieux ? Le lecteur en jugera au fil de l'ouvrage…

03. Le *private equity* comme secteur d'évolution. Le législateur a voulu instaurer société de libre partenariat dans l'ordre juridique interne pour doter la France d'un véhicule d'investissement capable de dépasser le fonds commun de placement et la société d'investissement à capital variable. L'objectif était également de concurrencer les *limited partnerships* anglo-saxons évoluant sur le marché du *private equity*.

---

[10] Option Finance, « Spécial restructuring : le calme avant la tempête », supplément d'Option Finance n°1356 du 7 mars 2016 et d'Option Droit et Affaires n° 297 du 2 mars 2016, p. 8.

[11] Rien que pour le seul mois de novembre 2018, dix-huit sociétés en commandite spéciale ont été immatriculées au registre du commerce et des sociétés de Luxembourg. Toutes sont destinées à mener une activité de *private equity*, dont certaines du capital-retournement sans toutefois être spécialisées dans cette seule activité. Elles revêtent le régime de *soparfi* ou de FIA par objet dans la plupart des cas. Ces informations nous ont été transmises promptement et gracieusement par le service « immatriculations » du registre du commerce et des sociétés de Luxembourg.

[12] R. FEYDEL, *Le refinancement d'entreprises en difficulté – Contribution à l'optimisation juridique du concept de capital-retournement*, Thèse, ss. dir. M. BAYLE et Th. LÉOBON, Univ. Limoges, 2019, n° 224 et s., pp. 177 et s.

L'apparition en France de la notion de capital-investissement face au caractère inadapté de l'ancienne activité globale de capital-risque fut l'occasion de préciser les contours des différentes sous-catégories qu'elle regroupe désormais. Le terme de capital-investissement est apparu à la fin des années quatre-vingt-dix au niveau européen[13], sans toutefois bénéficier d'une définition législative comme ce fut le cas pour son prédécesseur. Il faudra attendre l'ordonnance n° 2013-676 du 25 juillet 2013[14] pour que soit institué aux articles L. 214-159 et suivants du code monétaire et financier le fonds professionnel de capital-investissement sans toutefois définir l'activité de capital-investissement. La rédaction des articles 423-37 et suivants du règlement général de l'Autorité des marchés financiers est elle aussi incomplète sur ce point. Les textes régissant la société de capital-investissement le sont tout autant[15].

L'activité de capital-investissement s'adresse en principe aux entreprises non cotées en bourse, ce qui lui vaut la qualification anglo-saxonne de *private equity*[16] alors que l'investissement au sein d'entreprises cotées est quant à lui qualifié de *public equity*. Le capital-investissement peut

---

[13] C'est en 1998 que l'association européenne dénommée jusqu'alors *European Venture Capital Association* a pris le nom d'*European Private Equity and Venture Capital Association* pour finalement devenir *Invest Europe* le 1er octobre 2015 ; source : https://www.investeurope.eu/about-us/who-we-are/

[14] Ordonnance n° 2013-676 du 25 juillet 2013 modifiant le cadre juridique de la gestion d'actifs, art. 6.

[15] Les articles du code monétaires et financiers et ceux issus du règlement général de l'Autorité des marchés financiers précités trouvent également à s'appliquer à la société de capital-investissement (SOCAI) sous réserve du respect des articles propres à sa structure indépendamment du régime juridique revêtit tel que nous l'aborderons en détails lors de la première partie de cet ouvrage.

[16] A. COURET et al., Lamy droit du financement, Lamy, 2017, n° 5496.

donc se définir comme étant « un terme générique »[17] regroupant plusieurs activités différentes qui lui sont liées. Ces différentes sous-activités ou variantes se différencient par leur mode d'intervention financière ainsi que par l'étape durant laquelle les investisseurs décident d'apporter leur soutien financier à l'entreprise. Outre le capital-retournement, notion synonyme de refinancement d'entreprises en difficulté, le capital-investissement englobe le capital-amorçage et le capital-création qui forment à eux deux l'actuel capital-risque[18]. Mais il faut également compter avec le capital-développement et encore le capital-transmission. Ce sont les domaines d'exercice auxquels se destine la société de libre partenariat.

04. L'exclusion de la catégorie des organismes de placement collectif en valeurs mobilières. Précisons, à titre liminaire, que les organismes de placement collectif se divisent en deux catégories. Il y a d'un côté les organismes de placement collectif en valeurs mobilières et d'un autre côté les fonds d'investissement alternatifs. Les premiers se définissent comme étant des fonds d'investissement strictement régis au niveau européen par la directive n° 2014/91/UE du

---

[17] F.-D. POITRINAL, G. GRUNDELER, *Le capital-investissement Guide juridique et fiscal*, 5ème éd., 2015, Revue Bancaire, p. 30.
[18] L'art. 1 du règlement (UE) n° 345/2013 du Parlement européen et du Conseil du 17 avril 2013 relatif aux fonds de capital-risque européens définit l'activité de capital-risque comme étant celle qui actuellement « constitue un mode de financement d'entreprises, généralement de très petite taille, qui se trouvent aux premiers stades de leur existence et qui présentent un fort potentiel de croissance et de développement. En outre, les fonds de capital-risque fournissent aux entreprises des compétences et des connaissances précieuses, des contacts professionnels, une valeur de marque et des conseils stratégiques ».

23 juillet 2014, dite « OPCVM V »[19]. Ils sont constitués exclusivement sous forme d'une société d'investissement à capital variable ou sous forme de fonds commun de placement. La société de libre partenariat ne peut être utilisée pour constituer un tel fonds.

En pratique, les organismes de placement collectif en valeurs mobilières sont détenus par des banques qui commercialisent auprès de leurs clients particuliers des produits classiques de placement d'épargne[20]. On retrouve donc des fonds offrant des actions ou des obligations. Leurs produits sont destinés à des particuliers, mais dans une plus grande mesure à des investisseurs professionnels et institutionnels. En tout état de cause, les organismes de placement collectif en valeurs mobilières ainsi que les fonds d'investissement alternatifs concourent ensemble à la création d'une Europe financière strictement encadrée[21]. Il importe peu qu'ils soient à l'origine d'une faible jurisprudence[22].

05. Un fonds d'investissement alternatif spécifique. Depuis la transposition de la directive relative aux gestionnaires de fonds d'investissement alternatifs dans notre droit interne[23], deux catégories de ces fonds coexistent afin d'offrir des structures d'investissement aux investisseurs. Il y a d'abord les fonds alternatifs par nature, régis par le code

---

[19] Directive n° 2014/91/UE du Parlement européen et du Conseil du 23 juillet 2014 modifiant la directive 2009/65/CE portant coordination des dispositions législatives, réglementaires et administratives concernant certains organismes de placement collectif en valeurs mobilières (OPCVM), pour ce qui est des fonctions de dépositaire, des politiques de rémunération et des sanctions.

[20] Th. BONNEAU, Fr. DRUMMOND, *Droit des marchés financiers*, *coll.* Corpus droit privé, 3ème éd., Economica, 2010, n° 126, p. 182.

[21] *Ibid.*, n° 53, p. 60.

[22] *Ibid.*, n° 41, p. 43.

[23] Directive n° 2011/61/UE, *préc.*

monétaire et financier. Les textes les définissent comme étant ceux levant « des capitaux auprès d'un certain nombre d'investisseurs en vue de les investir, dans l'intérêt de ces investisseurs, conformément à une politique d'investissement que ces FIA ou leurs sociétés de gestion définissent ; et (qui) ne sont pas des OPCVM »[24].

Parmi ceux-ci, deux catégories coexistent. La première est composée des fonds réservés à des investisseurs non professionnels. Il s'agit notamment des fonds d'épargne salariale[25] ou encore des organismes de placement collectif en immobilier[26]. Ceux-ci, à l'instar de tous les fonds réservés à une clientèle non professionnelle, ne peuvent être constitués que sous la forme d'un fonds commun de placement ou d'une société d'investissement à capital variable. Dans le cas des fonds d'épargne salariale, on parlera alors de fonds commun de placement d'entreprise[27] et de société d'investissement à capital variable d'actionnariat salarié[28]. S'il est possible d'établir une liste exhaustive de ces fonds[29], nous nous contenterons en revanche d'en préciser brièvement les règles générales leur étant applicables.

---

[24] CMF., art. L. 214-24, I, 1° et 2°.
[25] CMF., art. L. 214-163 et s.
[26] CMF., art. L. 214-33 et s.
[27] CMF., art. L. 214-164 et L. 214-165.
[28] CMF., art. L. 214-166.
[29] Les fonds d'investissement alternatifs par nature sont les fonds d'investissement à vocation générale, les fonds de fonds alternatifs, les fonds de capital investissement, les fonds d'épargne salariale, les organismes de placement collectif en immobilier, les sociétés civiles de placement immobilier, les sociétés d'épargne forestière, les sociétés d'investissement à capital fixe, les fonds professionnels à vocation générale, les fonds professionnels spécialisés (dont les sociétés de libre partenariat), les fonds professionnels de capital investissement, les organismes professionnels de placement collectif immobilier, les organismes de financement, qui regroupe les organismes de titrisation et les organismes de financement spécialisé.

Le règlement général de l'Autorité des marchés financiers dresse la liste des fonds ouverts aux investisseurs non professionnels devant adopter un document d'information clé pour l'investisseur comme c'est le cas pour tout organisme de placement collectif en valeurs mobilières[30]. Il s'agit d'une mesure de sécurité envers les investisseurs leur permettant de mieux prendre connaissance du type de fonds dans lequel ils s'apprêtent à placer de l'argent. Quant aux fonds qui sont dispensés d'établir ce document, ils doivent quant à eux fournir à leurs investisseurs non professionnels un document d'informations clés rendu obligatoire depuis le 1er janvier 2018[31]. Par ailleurs, lorsqu'un fonds alternatif par nature fait une offre de ses parts au public, son gestionnaire doit alors établir un prospectus conformément aux exigences de l'Autorité des marchés financiers[32].

La seconde catégorie de fonds d'investissement alternatifs par nature, il s'agit de ceux réservés à des investisseurs

---

[30] RGAMF., art. 422-67 à 422-70. Ce document est exigé pour les fonds d'investissement à vocation générale, les fonds de fonds alternatifs, les fonds de capital investissement (fonds commun de placement à risque, fonds communs de placement dans l'innovation et fonds d'investissement de proximité), les fonds d'épargne salariale (fonds commun de placement d'entreprise et société d'investissement à capital variable d'actionnariat salarié), ainsi que pour les organismes de placement collectif en immobilier.

[31] Règlement (UE) n° 1286/2014 du Parlement européen et du Conseil du 26 novembre 2014 sur les documents d'informations clés relatifs aux produits d'investissement packagés de détail et fondés sur l'assurance (PRIIPS), publié au JOUE le 9 déc. 2014, L 352/1 ; Règlement délégué (UE) n° 2017/653 de la Commission du 8 mars 2017 complétant le règlement (UE) n° 1286/2014 précité par des normes techniques de réglementation concernant la présentation, le contenu, le réexamen et la révision des documents d'informations clés et les conditions à remplir pour répondre à l'obligation de fournir ces documents, publié au JOUE en date du 12 avril 2017, L 100/1.

[32] RGAMF., art. 422-71 à 422-78.

professionnels ou assimilés[33]. Parmi ceux-ci, on trouve les fonds agréés par l'Autorité des marchés financiers : ce sont les fonds professionnels à vocation générale[34] et les organismes professionnels de placement collectif immobilier[35]. On a également les fonds uniquement déclarés auprès du régulateur[36]. Il s'agit des fonds professionnels spécialisés, dont la société de libre partenariat[37], des fonds professionnels de capital investissement[38], et des organismes de financement spécialisés. Ces derniers « ont pour objet, d'une part, d'investir directement ou indirectement dans un ou plusieurs des actifs mentionnés à l'article L. 214-190-1 (CMF) et, d'autre part, d'en assurer le financement, dans les conditions prévues à cet article »[39].

Les fonds d'investissement par nature doivent disposer d'un gestionnaire agréé par l'Autorité des marchés financiers pour l'activité de gestion collective de tels fonds ainsi que d'un dépositaire de fonds. C'est le cas de la société de

---

[33] Pour la définition d'un investisseur/client professionnel, v. les dispositions de : CMF., art. D. 533-11.

[34] CMF., art. L. 214-143 à L. 214-147.

[35] CMF., art. L. 214-148 à L. 214-151.

[36] CMF., art. L. 214-152 et s.

[37] CMF., art. L. 214-154 à L. 214-158 (pour les fonds professionnels spécialisés constitués sous forme de fonds commun de placement et les sociétés d'investissement spécialisées constituées sous forme de société d'investissement à capital variable) et L. 214-162-1 à L. 214-162-12 concernant les sociétés de libre partenariat.

[38] CMF., art. L. 214-159 à L214-162 (les fonds professionnels de capital investissement sont constitués sous forme de fonds commun de placement ou de société d'investissement à capital variable. Celle-ci est alors qualifiée de société de capital investissement).

[39] CMF., art. L. 214-168, II. Ils prennent la forme soit d'une copropriété dont le modèle reste le fonds commun de placement, on parle alors de fonds de financement spécialisé, soit d'une société anonyme ou d'une société par actions simplifiée, on parle alors d'une société de financement spécialisée : CMF., art. L. 214-190-3.

libre partenariat. Toutefois, certains fonds peuvent bénéficier d'allégement de leurs obligations sous certaines conditions de montant d'actifs détenus par leur gestionnaire[40]. Mais leur gestionnaire reste pleinement soumis à ses propres obligations. Son agrément lui permet d'obtenir, là encore sous certaines conditions, un « passeport gestion et/ou commercialisation » lui permettant d'exporter ses services de gestion dans l'Union européenne et aussi d'y commercialiser les parts des fonds alternatifs par nature qu'il gère[41]. Les textes régissant chaque type de fonds alternatif par nature doivent donc être scrupuleusement étudiés afin d'éviter toute erreur qui apparaîtrait comme une fraude aux yeux du régulateur.

Mais la complexité grevant la société de libre partenariat ne s'arrête pas ici, bien au contraire. Un autre type de fonds d'investissement alternatifs existe dans le code monétaire et financier. La société de libre partenariat ne peut là encore pas revêtir ce régime juridique.

06. L'impossible qualification « d'autre FIA ». La seconde catégorie de fonds alternatifs est constituée des fonds alternatifs par objet également appelée par les textes « autres FIA »[42]. Il s'agit de toutes les sociétés civiles et commerciales définies respectivement par le Code civil et le code de commerce menant une activité d'investissement propre à celle d'un fonds alternatif[43]. Comme les fonds alternatifs par nature, les fonds qualifiés « d'autres FIA » répondent aux aussi à la définition commune posée par le premier alinéa de l'article L. 214-24 du code monétaire et

---

40 CMF., art. L. 214-24, II, al. 2.

41 Le gestionnaire agréé de fonds alternatifs par nature peut également commercialiser les parts des « autres FIA » qu'il gère grâce à ce « passeport » comme nous le verrons plus loin.

42 CMF., art. L. 214-24, III.

43 CMF., art. L. 214-24, I et III.

financier précité. Ces fonds alternatifs par objet appelés également « autres FIA » par le législateur, sont plus utilisés par les praticiens que les fonds alternatifs par nature. Une plus grande souplesse juridique leur est accordée[44].

L'article L. 532-9, V, 7° du même code exclut les holdings de la qualification de fonds alternatifs par objet dès lors que celles-ci détiennent « des participations dans une ou plusieurs autres sociétés, dont l'objectif commercial est de mettre en œuvre une ou plusieurs stratégies d'entreprise par l'intermédiaire de leurs filiales, de leurs sociétés associées ou de leurs participations en vue de contribuer à la création de valeur à long terme et qui sont des sociétés opérant pour leur propre compte et dont les actions sont admises à la négociation sur un marché réglementé dans l'Union européenne ; ou n'étant pas créées dans le but principal de produire une rémunération pour leurs investisseurs par la cession de ses filiales ou de leurs sociétés associées, ainsi qu'il ressort de leur rapport annuel ou d'autres documents officiels »[45]. Précisons que la société de libre partenariat ne peut pas non plus être utilisée pour constituer une holding du fait de son caractère réservé.

Ces « autres FIA » peuvent ainsi revêtir différentes formes sociales, à condition que leur objet soit celui d'un fonds alternatif défini par l'article L. 214-24, I précité. Il peut s'agir de sociétés commerciales, de personnes comme de capitaux, mais également de sociétés civiles. La société par actions simplifiée est par exemple très fréquemment utilisée afin de constituer de tels fonds du fait de sa souplesse juridique. Mais la société de libre partenariat ne permet pas

---

[44] Information transmise par l'association *France Invest* au regard de ces adhérents, nous précisant que les fonds de retournement sont principalement constitués sous forme de SAS revêtant le régime juridique de la holding. Cela se vérifie notamment avec les fonds *BUTLER Capital Partners* et *Alandia* pour ne citer qu'eux.
[45] CMF., art. L. 532-9, V, 7°.

d'en constituer un. Elle reste réservée à la catégorie des fonds professionnels spécialisés, ce qui peut paraître dommageable pour son essor.

Le fait d'être qualifié de fonds d'investissement alternatif par objet entraîne l'application d'un régime conditionné. Ce type de fonds, peut, tout comme un fonds alternatif par nature, opter pour une gestion externe de son portefeuille (recours à une société de gestion de portefeuille) ou bien décider statutairement de s'autogérer. Mais à la différence de ces derniers, le gestionnaire d'un « autre FIA » n'est pas tenu d'être agréé par l'Autorité des marchés financiers pour l'activité de gestion collective, mais seulement enregistré auprès d'elle dans certaines situations. Il n'y a parfois pas non plus d'obligation de disposer d'un dépositaire de fonds.

C'est le cas lorsque le montant des actifs globaux gérés par le gestionnaire du fonds alternatif par objet « ne dépasse pas le seuil de 100 millions d'euros, y compris les actifs acquis par le recours à l'effet de levier ; ou ne dépasse pas le seuil de 500 millions d'euros lorsqu'il ne recourt pas à l'effet de levier et pour lequel aucun droit au rachat ne peut être exercé pendant une période de cinq ans à compter de la date de l'investissement initial dans chaque FIA »[46].

Les fonds alternatifs par objet gérés par un même gestionnaire ne doivent pas non plus présenter d'associé ou d'actionnaire non professionnel[47]. Dans une telle situation, les « autres FIA » gérés par un tel gestionnaire sont eux aussi dispensés de certaines obligations[48]. On notera d'ailleurs que le gestionnaire n'est tenu que d'un *reporting* allégé envers le régulateur.

---

[46] CMF., art. R. 532-12-1 sur renvoi direct de l'art. L. 532-9, IV et sur renvoi indirect de l'art. L. 214-24, III, 3° du même code.

[47] CMF., art. L. 214-24, III, 3°.

[48] CMF., art. L. 214-24, III, 3°, lequel dispose que ces fonds n'appliquent alors pas les dispositions du VI du présent article et des paragraphes 1 à 5 de la sous-section 1de la section 2 du Chapitre VI du Titre

À défaut de respect de l'une des conditions précitées, les fonds alternatifs par objet autogérés (ou leurs gestionnaires personnes morales) devront être agréés par l'Autorité des marchés financiers pour l'activité de gestion collective de fonds alternatifs. Le gestionnaire et les fonds seront de ce fait pleinement soumis aux dispositions de la directive dite « AIFM »[49] à l'instar de ce qui est prévu pour les gestionnaires de fonds alternatifs par nature. Un *reporting* complet envers le régulateur de la part du gestionnaire sera alors obligatoire. Devra aussi être désigné un dépositaire de fonds pour chaque « autre FIA » géré, cela sous peine de se voir infliger des sanctions par la Commission des sanctions de l'Autorité des marchés financiers.

07. Une diversité de textes applicables. La société de libre partenariat est régie par les dispositions du code monétaire et financier mais également par celles du règlement général de l'Autorité des marchés financiers. Chacun de ces deux blocs se complètent parfaitement.

Le code monétaire et financier englobe les dispositions de nature législatives et réglementaires relatives à la monnaie et au système monétaire français (Livre I), aux produits financiers et d'épargne (Livre II), aux services bancaires et financiers (Livre III), aux marchés (Livre IV), aux prestataires de services bancaires et d'investissement (Livre V), aux institutions en matière bancaire et financière (Livre VI) et enfin les dispositions spécifiques à l'outre-mer (Livre VII). La société de libre partenariat est régie par les articles

---

1er du Livre II de la partie législative du code monétaire et financier. De plus, si la personne morale qui gère ces « autres FIA » est enregistrée auprès de l'Autorité des marchés financiers et reste soumise aux obligations d'information prévues par le règlement général de l'Autorité des marchés financiers elle peut choisir de soumettre ces fonds alternatifs par objet au régime décrit au 1° du présent article.

[49] Directive n° 2011/61/UE, *préc.*

L. 214-162-1 à L. 214-162-12 du Livre II. En plus des principes fixés dans la partie législative du code, la partie réglementaire vient compléter celle-ci et l'affiner avec un classement par Livre correspondant à celui précité de la partie législative.

Le code monétaire et financier fixe donc le droit applicable aux consommateurs et aux professionnels de la finance. Ses dispositions sont évolutives : le code intègre les nouveautés législatives et réglementaires constituant le droit bancaire et financier.

La société de libre partenariat est également, comme tout fonds alternatif par nature, soumise aux dispositions du règlement général de l'Autorité des marchés financiers. En application de son pouvoir réglementaire, l'Autorité des marchés financiers édicte les règles s'appliquant aux acteurs et aux produits qui entrent dans son champ de compétence dont notamment les sociétés de gestion de fonds alternatifs et les produits en découlant. La doctrine dont elle est l'auteure par le biais d'instructions[50] ou de réponses à des questions posées lui permettent ainsi d'élaborer et de publier son règlement général. Celui-ci doit obligatoirement être appliqué par les acteurs concernés sous peine de lourdes sanctions de la part de la commission des sanctions de l'Autorité des marchés financiers. Le règlement vient compléter les dispositions du code monétaire et financier. Effectivement, pour une parfaite exécution de ses missions, le règlement de l'Autorité des marchés financiers précise

[50] Lors de l'introduction en droit interne de la société de libre partenariat, l'Autorité des marchés financiers a édicté une instruction relative aux modalités de déclaration, de modifications, établissement d'un prospectus et informations périodiques des fonds professionnels spécialisés et des fonds professionnels de capital investissement, n° DOC-2012-06. Celle-ci intégrait dans ses dispositions la société de libre partenariat.

les règles et les modalités d'application de la loi en matière financière.

Là encore, le règlement évolue constamment au gré des conclusions des groupes de travail mis en place par l'institution, des textes nationaux et des directives européennes. À chaque modification du règlement général, celle-ci fait l'objet d'une consultation publique avant d'être adoptée par le Collège de l'Autorité des marchés financiers, et d'être présentée au ministre de l'Économie. Ce dernier l'homologue alors par un arrêté publié au Journal officiel de la République française. Le règlement général ainsi modifié est mis en ligne sur le site internet de l'Autorité des marchés financiers[51]. Il ne fait pas l'objet d'une codification ou d'une publication matérielle.

La société de libre partenariat et son gestionnaire sont donc pleinement soumis aux dispositions du règlement général de l'Autorité des marchés financiers. Plus précisément, les livres III et IV les concernent plus directement. Ils fixent respectivement les règles applicables aux sociétés de gestion de portefeuille de fonds alternatifs et aux organismes de placements collectifs dont les fonds alternatifs.

08. La construction d'une Europe financière sécurisée. Si une subdivision s'imposait au sein des fonds d'investissement alternatifs, le caractère complexe de celle-ci est indéniable. Mais cela est pourtant rendu nécessaire afin d'éviter le retour d'une « finance sauvage » comme ce fut le cas avant la crise dite des *subprimes*. C'est pour cette raison que l'Union européenne s'efforce de préciser les règles

[51] Pour l'entrée en vigueur de la société de libre partenariat, l'Autorité des marchés financiers a modifier le livre IV de son règlement général. L'arrêté du 29 septembre 2015 portant homologation des modifications du règlement général, a été publié au Journal officiel du 8 octobre.

de la gestion collective de fonds alternatifs, lesquelles peuvent être source de complexité juridique. La société de libre partenariat et son gestionnaire y sont pleinement soumis. La loi n° 2015-990 du 6 août 2015 instituant la société de libre partenariat poursuit elle aussi cet objectif de sécurisation de l'Europe financière.

Le droit de la gestion collective de fonds alternatifs est encore dans une phase de construction. La directive dite « AIFM »[52] est encore trop récente et elle répond aux problèmes soulevés par la précédente crise financière de 2007 et perçue en France un an plus tard. Les réformes se succèdent donc afin d'offrir aux investisseurs et à l'économie européenne une stabilité jusqu'ici jamais atteinte.

La réforme portée par la directive n° 2014/65/UE relative aux marchés d'instruments financiers[53], dite « MIF 2 » en est le parfait exemple : elle implique des contraintes provoquant une complexité rendue nécessaire pour créer les conditions juridiques nécessaires à une construction financière sécurisée de l'Union européenne. Avec la transposition de la directive n° 2011/61/UE dite « AIFM » en droit français par l'ordonnance n° 2013-676 du 25 juillet 2013[54], les sociétés de gestion de portefeuille agréées pour l'activité de

---

[52] Directive n° 2011/61/UE, *préc.*

[53] Directive n° 2014/65/UE du Parlement européen et du Conseil du 15 mai 2014 concernant les marchés d'instruments financiers et modifiant la directive 2002/92/CE et la directive 2011/61/UE, publiée au JOUE le 12 juin 2014, L 173/349 ; laquelle fut complétée par le règlement (UE) n° 600/2014 du Parlement européen et du Conseil du 15 mai 2014 concernant les marchés d'instruments financiers et modifiant le règlement (UE) n° 648/2012 (avec une date d'entrée en application au 3 janvier 2017), dit « MIFIR ». Transposition par l'ordonnance n° 2017-1107 du 22 juin 2017 relative aux marchés d'instruments financiers et à la séparation du régime juridique des sociétés de gestion de portefeuille de celui des entreprises d'investissement.

[54] Ordonnance n° 2013-676 du 25 juillet 2013 modifiant le cadre juridique de la gestion d'actifs.

gestion collective de fonds alternatifs étaient des entreprises d'investissement. Elles relevaient donc de la vaste catégorie des prestataires de services d'investissement. Or, la régulation financière étant en perpétuel mouvement juridique, la directive dite « MIF 2 », est venue supprimer cette règle.

En effet, depuis le 3 janvier 2018, date d'entrée en vigueur de la directive dite précitée, toute société de gestion de portefeuille qui est agréée par l'Autorité des marchés financiers pour l'activité de gestion collective de fonds alternatifs ne relève plus du statut d'entreprise d'investissement. C'est le cas d'une société de gestion en charge d'une société de libre partenariat. Il en va de même pour tout gestionnaire agréé exerçant l'activité de gestion collective précitée et celle de gestion de portefeuille pour le compte de tiers. Celle-ci est désormais soumise à la directive dite « AIFM » pour la gestion de fonds alternatifs et à celle dite « MIF 2 » pour son activité de gestion de portefeuille pour le compte de tiers. Toutefois, le périmètre de la notion de prestataire de services d'investissement n'étant pas concerné par la réforme opérée par la directive dite « MIF 2 », la société de gestion de portefeuille agréée « AIFM » est donc devenue une catégorie de prestataire de services d'investissement à part entière, et ce, à côté des entreprises d'investissement et des établissements de crédit agréés pour l'activité de services d'investissement.

De plus, les sociétés de gestion de portefeuille agréées pour la gestion collective de fonds alternatifs qui s'adonnent à des activités de services d'investissement connexes que sont notamment les services de conseil en investissement, la gestion de portefeuille pour compte de tiers, ou encore la réception et la transmission d'ordres pour le compte de tiers, sont désormais soumises à l'application des dispositions de « MIF 2 ». C'est notamment le cas pour certaines ayant en charge la gestion d'une société de libre partenariat. En conséquence, le gestionnaire de fonds alternatifs agréé pour cette activité auprès du régulateur doit désormais se plier aux exigences de la directive dite « AIFM » pour son activité principale et à celles de la directive dite « MIF 2 » pour ses activités liées. Cependant, la société de gestion de portefeuille conserve la jouissance de ses éventuels « passeports commercialisation et/ou gestion » obtenus au titre de l'agrément dit « AIFM », lesquels lui permettent de fournir ces services d'investissement connexes à travers l'Union européenne tout entière.

Autre règle nécessaire à la construction d'une Union européenne financière sécurisée, il s'agit du document d'informations clés pour les investisseurs entré en vigueur dès le 1er janvier 2018 et porté par le règlement dit « PRIIPs »[55]. Le but est là encore de renforcer la protection des investisseurs. Seuls certains placements financiers nécessitent la remise au potentiel investisseur d'un tel document comme nous l'avons précédemment expliqué. Le document d'informations clés contient l'ensemble des indications essentielles sur le produit financier en question. Il est à différencier d'un document publicitaire. Ce document doit

---

[55] Règlement (UE) no 1286/2014 du Parlement européen et du Conseil du 26 novembre 2014 sur les documents d'informations clés relatifs aux produits d'investissement packagés de détail et fondés sur l'assurance (PRIIP), publié au JOUE le 09 déc. 2014, L 352/1. Celui-ci fut complété par le règlement délégué (UE) n° 2017/653 de la Commission du 8 mars 2017 complétant le règlement (UE) no 1286/2014 du Parlement européen et du Conseil sur les documents d'informations clés relatifs aux produits d'investissement packagés de détail et fondés sur l'assurance (PRIIP) par des normes techniques de réglementation concernant la présentation, le contenu, le réexamen et la révision des documents d'informations clés et les conditions à remplir pour répondre à l'obligation de fournir ces documents, publié au JOUE le 12 avril 2017, L 100/1. V. également les lignes directrices sur l'application du règlement (UE) n° 1286/2014 du Parlement européen et du Conseil sur les documents d'informations clés relatifs aux produits d'investissement packagés de détail et fondés sur l'assurance, publiées au JOUE le 07 juillet 2017, C 218/11.

être présent pour tout produit financier permettant d'investir dans des actifs présentant une valeur fluctuante et dont l'achat est indirect pour l'investisseur. Ce sont des « produits d'investissement packagés de détail et fondés sur l'assurance » pour reprendre les termes du règlement[56]. Certaines mentions sont obligatoires pour une sécurité optimale.

09. L'avenir face au *brexit*. Malheureusement, l'époque actuelle reste marquée par le *brexit* et le mouvement « déconstructif » qu'il engendre en droit financier. Le Parlement britannique a adopté un projet de règlement le 29 novembre 2018[57]. Celui-ci se destine à encadrer le traitement des gestionnaires de fonds d'investissement alternatifs dès la sortie du Royaume-Uni de l'Union européenne. Ce règlement entrera en vigueur le jour même de la sortie effective. Il permettra de qualifier tous les types de fonds d'investissement évoluant dans l'Union européenne comme étant des fonds d'investissement alternatifs (même les organismes de placement collectif en valeurs mobilières).

En l'absence d'accord de sortie conclu entre l'Union et le Royaume-Uni, un « titre d'autorisation temporaire » (sorte de passeport tiers) permettra aux fonds européens et à leurs gestionnaires agréés de continuer leur activité pendant encore trois ans à compter du jour de sortie de l'Union[58]. Ce sera donc le cas pour les sociétés de libre partenariat. Le titre pourra être renouvelé par l'administration du Trésor britannique sur demande du gestionnaire avant que celui-ci n'expire[59].

---

[56] Règlement (UE) no 1286/2014, *préc.*

[57] Pour le texte à l'état de projet mais tel qu'il fut adopté, voir : HM Treasury, « Explanatory memorandum to the alternative investment fund managers (amendment etc…) regulations 2018 », 8th Oct. 2018.

[58] *Ibid.*

[59] *Ibid.*

Chaque demande approuvée prolongera la validité du titre de douze mois renouvelables.

Les conditions posées par la directive dite « AIFM »[60] avant le jour effectif du *brexit* devront continuer à être respectées pour prétendre à un renouvellement du titre temporaire de gestion ou commercialisation.

Les fonds alternatifs, dont les sociétés de libre partenariat, et les organismes de placement collectif en valeurs mobilières européens désireux d'être commercialisés au Royaume-Uni après la sortie de celui-ci de l'Union européenne répondront alors du « régime national de placement privé » britannique[61]. C'est l'article 272 de la loi de sur les marchés et les services financiers (FSMA) adoptée en 2000 qui prévaudra alors[62]. Elle pose les conditions à observer pour un fonds commercialisé auprès des particuliers.

Un gestionnaire britannique de fonds d'investissement restera tenu au respect des règles dites « d'*asset stripping* » ainsi que de *reporting* envers l'autorité régulatrice du Royaume-Uni uniquement lorsqu'il prendra le contrôle d'une société britannique[63].

Enfin, se pose la question de la commercialisation d'un *limited partnership* dans l'Union européenne *post brexit*. Les fonds britanniques commercialisés et gérés par des gestionnaires britanniques seront dans leur ensemble qualifiés de fonds alternatifs (même les organismes de placement collectif en valeurs mobilières). Ces fonds et leurs gestionnaires existant avant le *brexit* devraient bénéficier d'un régime transitoire semblable à celui prévu par le Royaume-

---

[60] Directive n° 2011/61/UE, *préc.*

[61] A. SPY, « *Brexit* : quel impact pour les gérants ? », Option Finance, 05 juill. 2018.

[62] HM Treasury, *préc.*

[63] R.-K. RAJCZEWSKI, « AIFMD framework to continue to operate in the UK after *Brexit* », KPMG Fund news, 29th nov. 2018

Uni pour leurs homologues européens (régime précité)[64]. Pour ceux d'entre eux qui arriveront sur le marché européen *post brexit*, ils relèveront des différents « régimes nationaux de placement privés »[65]. Sachant que ceux-ci n'existent pas dans tous les États membres, notamment en France, lorsqu'ils sont prévus, comme en Allemagne, leurs conditions sont très étroites. Cela pourra être une aubaine pour le développement de la société de libre partenariat.

Si son principal concurrent étranger qu'est le *limited partnership* soulève des difficultés juridiques en France, peut-être que les investisseurs britanniques décideront de se tourner vers la constitution de fonds d'investissement français. La société de libre partenariat aura alors toutes les chances de les séduire. Et pour cause : les fonds et gestionnaires du Royaume-Uni pourront continuer de jouir d'un passeport européen (commercialisation et/ou gestion) dès lors qu'ils disposeront d'une filiale basée en Union européenne. Cette option est déjà fortement adoptée en pratique. Et enfin, un passeport dédié aux tiers devrait vraisemblablement voir le jour rapidement pour fixer des règles découlant de la directive dite « AIFM »[66].

10. Plan de l'ouvrage. L'objectif poursuivi par cet ouvrage est de mener une étude juridique approfondie de la société de libre partenariat. Malgré les efforts déployés par l'Autorité des marchés financiers ainsi que par la doctrine, ce véhicule d'investissement attire encore la méfiance de certains praticiens et observateurs.

Aussi, pour décomplexifier la société de libre partenariat, nous établirons un plan tripartite. Nous commencerons par l'analyser en tant que forme sociale (**Première**

---

[64] A. SPY, *art. préc.*
[65] R.-K. RAJCZEWSKI, *art. préc.*
[66] *Ibid.*

partie) puis nous approfondirons les aspects de son caractère réservé (**Deuxième partie**) pour terminer sur sa fiscalité (**Troisième partie**).

Première partie

La société de libre partenariat comme forme juridique

11. Plan de la première partie. La société de libre partenariat est une forme sociale à part entière. Elle doit être analysée comme telle avant toute chose. Nous avons fait le choix de comparer la société de libre partenariat à la société en commandite simple dont elle empreinte de nombreux traits juridiques. Les similitudes entre ces deux sociétés sont apparentes puisque la société de libre partenariat est une forme améliorée de commandite simple. Une analyse comparative des deux formes sociales nous semble opportune.

La société de libre partenariat présente une nature dérogatoire inédite en droit interne malgré qu'elle reprenne beaucoup de la commandite simple. Cela confirme son attractivité juridique supérieure dans la pratique du capital-investissement et de ses différentes facettes **(Chapitre I)**. Cet aspect trouve un écho favorable dans son fonctionnement contractuel. C'est ce qui lui permet d'être bien mieux adaptée pour mener des stratégies d'investissement **(Chapitre II)**.

Chapitre I

La nature dérogatoire

12. Plan du premier chapitre. La société de libre partenariat est constituée en utilisant les meilleures techniques juridiques offertes par le droit des sociétés. Cela lui permet ainsi de présenter un régime juridique entièrement nouveau tout en reposant sur une architecture propre à une société en commandite simple.

Elle est dotée d'une nature dérogatoire qui se caractérise tout d'abord par son statut incitant à l'investissement **(Section I)**. Celui-ci est assez inattendu et surtout opposé à la conception traditionnelle de la notion de société en droit français. Ceci étant, la société de libre partenariat emprunte les fondements d'une société en commandite simple, lui permettant de disposer d'un régime dérogatoire et protecteur des associés face à une prise de risque **(Section II)** ; cela sans pour autant lui rester fidèle puisqu'elle la domine en termes d'efficience juridique.

Section I - Un statut dérogatoire

13. À l'instar du droit des sociétés français lequel consiste à reconnaître la personnalité morale à toute société enregistrée, la société de libre partenariat en est également dotée. Cependant, elle présente un caractère inédit à bien des égards **(§1).** Cette personnalité morale lui permet tout de même de posséder un patrimoine propre et distinct de celui de ses associés (**§2**).

§1. L'attribut d'une personnalité morale inédite

14. La personnalité morale *sui generis* dont est pourvue la société de libre partenariat provient d'obligations constitutives dérogatoires **(A)**. Celles-ci trouvent un parfait écho dans les obligations comptables originales qui s'appliquent à la société **(B)**. Ces spécificités incitent particulièrement à l'investissement à risque.

A-Des obligations constitutives dérogatoires

15. Les dérogations juridiques en termes de constitution dont bénéficie la société de libre partenariat en tant que forme sociale se manifestent par une dénomination propre (**I**), ainsi que par une publicité restreinte (**II**). Il s'agit de particularités qui font d'elle une société de choix pour mener une activité d'investissement.

I. Une dénomination propre

16. Une singularité juridique utile. Une similitude avec les autres sociétés de droit interne, la société de libre partenariat doit adopter une dénomination statutaire[67]. Cette dernière doit être précédée ou suivie de la mention « société de libre partenariat » ou du diminutif « S.L.P »[68]. Elle doit apparaître comme telle sur tous les documents officiels émis

67 C. com., art. L. 210-2.

68 CMF., art. 214-162-1, II.

par la société conformément à ce que réclame le droit commun des sociétés. Cela la rend facilement reconnaissable aux yeux des éventuels investisseurs en capital-investissement.

En termes de dénomination, précisons qu'à propos de la société en commandite simple, le législateur déclare qu'elle « est désignée par une dénomination sociale à laquelle peut être incorporé le nom d'un ou plusieurs associés et qui doit être précédée ou suivie immédiatement des mots société en commandite simple » [69]. Il est donc question d'une obligation de précision comme pour la société de libre partenariat. Cette dernière peut toutefois se servir de l'abréviation S.L.P tandis que la commandite simple ne semble pas être autorisée à recourir à celui de S.C.S.

II. Une publicité restreinte

17. Des mesures de discrétion efficientes. Outre l'obligation de siège social mentionnée dans les statuts[70], ainsi que celle de nationalité incombant à toutes les sociétés[71], le

---

[69] C. com., art. L. 222-3 et R. 123-238 (SCS).

[70] C. com., art. L. 210-2 ; sachant que le siège social de l'entreprise se trouve au lieu du principal établissement, lequel comprend les organes directionnels et administratifs de la société ainsi que le centre décisionnel de l'entreprise ; v. en ce sens : Cass. civ. 2 ème, 24 septembre 2015, n° 14-23169 ; Cass. civ. 2ème, 15 juillet 1970, n° 70-11025.

[71] V. en ce sens : Ph. MERLE, A. FAUCHON, *op. cit.*, n° 107, p. 125 citant L. LEVY, La nationalité des sociétés, préf. B. GOLDMAN, LGDJ, 1984 ; Y. LOUSSOUARN, « Nationalité des sociétés et communauté économique européenne », *RJ. com.*, 1990, p. 145 ; P. LE CANNU, B. DONDERO, *op. cit.*, n° 429, p. 271 citant J. BEGUIN, « La nationalité juridique des sociétés commerciales devrait correspondre à leur nationalité économique », *Mélanges Pierre Catala,* 2001, p. 859 et J. DERRUPPE, J.-P. LABORDE, Droit international privé, Dalloz, 16 ème éd., p. 63 ; M. MENJUCQ, « La nationalité des sociétés », *Dict. Joly Sociétés* ; M. COZIAN, A. VIANDIER, F. DEBOISSY, *op. cit.*, n° 237 et s., pp. 133 et s.

législateur a dispensé les statuts de la société de libre partenariat de l'obligation de contenir des informations propres à l'identification de ses associés commanditaires[72]. C'est une différence avec une commandite simple traditionnelle. Il s'agit par-là de permettre à ce type d'associés de rester discrets. En plus de ne devoir publier ses statuts uniquement par extraits[73] contrairement à une commandite simple traditionnelle, les informations touchant à l'identité des investisseurs pourront être tenues secrètes. Les statuts de la société de libre partenariat peuvent aussi être rédigés dans une langue usuelle autre que le français[74]. Les investisseurs désirant en pratique rester très discrets sur leur identité trouvent ici de quoi les rassurer à la différence des autres formes sociales. Rappelons que ce n'est qu'à compter de son immatriculation effective et de l'accomplissement de la publicité correspondante que la société de libre partenariat dispose de la personnalité morale. Il en va de même pour toutes les autres sociétés de droit interne[75].

18. Une discrétion étendue. S'inscrivant parfaitement dans ce que recherchent les acteurs du capital-investissement, la société de libre partenariat dispose d'un autre atout juridique. Il s'agit de ses obligations comptables dérogatoires.

B-Des obligations comptables dérogatoires

19. Autres aspects juridiques propices à mener une stratégie d'investissement, il s'agit des différentes dérogations de nature comptable accordées à la société de libre partenariat par le législateur. Celles-ci lui permettent de bénéficier d'une

---

[72] CMF. art. D. 214-206-1.
[73] CMF., art. L. 214-162-6, I.
[74] CMF., art. L. 214-162-6, II.
[75] C. com., art. L. 210-6.

certaine flexibilité comptable (**I**), tout en accordant un droit d'information renforcé à ses associés (**II**).

I. Une flexibilité comptable

20. Une Comptabilité discrétionnaire. Si comme bon nombre de sociétés commerciales et civiles la société de libre partenariat reste soumise aux obligations comptables[76], certaines dérogations lui sont consenties en tant que fonds d'investissement alternatif par nature.

La société de libre partenariat est soumise depuis le 28 décembre 2016, au règlement de l'Autorité nationale comptable n° 2016-04. Cela l'oblige à appliquer le plan comptable des organismes de placement collectif à capital variable lorsque son capital social est prévu comme tel[77]. Une similitude entre fonds d'investissement alternatifs par nature est à noter : le gestionnaire de ces structures financières[78] est tenu d'établir une comptabilité propre pour chacun des compartiments comme la société de libre partenariat. C'est la valeur liquidative qui est donc calculée à cette occasion[79]. Effectivement, comme nous le détaillerons un peu plus loin, les fonds d'investissement alternatifs par nature peuvent opter pour un patrimoine divisé en plusieurs compartiments juridiquement étanches les uns des autres.

---

[76] Le droit commun des sociétés soumet ces dernières aux dispositions des art. L. 123-12 et s. du C. com (anc. art. 8 et s.) dès lors qu'elles ont la qualité de commerçant. Toutefois, pour les spécificités incombant à chaque forme sociale, le lecteur voudra bien se reporter aux textes en vigueur pour chaque société.

[77] P. LE ROUX, L. BOGEY, « SLP : le succès fiscal attendu est-il au rendez-vous ? », *in* La Lettre des Fusions-Acquisitions et du *Private Equity*, suppl. n° 1441, Option Finance, 11 déc. 2017. Obligation incombant à la SGP de la SLP lorsque celle-ci n'est pas autogérée. Sinon c'est le gérant qui en est le responsable.

[78] RGAMF., art. 422-33 à 422-38.

[79] CMF., art. L. 214-24-26, al. 2.

Les statuts de la société de libre partenariat fixent la durée maximale des exercices comptables à douze mois, à l'exception du premier exercice, lequel est autorisé à s'étendre sur dix-huit mois tout au plus[80]. Elle n'est pas non plus soumise au dépôt annuel de ses comptes sociaux auprès du Greffe du tribunal de commerce telle qu'une société en commandite simple[81]. Cela participe à son attractivité d'utilisation. La discrétion de ses comptes est primordiale pour mener à bien sa stratégie comme nous le verrons un peu plus loin. La société de libre partenariat est de ce fait exclue du champ d'application des dispositions propres aux comptes consolidés[82].

La société de libre partenariat se rapproche des autres sociétés de personnes pour des raisons identiques d'absence de publication de leurs comptes sociaux.

Par ailleurs, le législateur déclare que « dans un délai de huit semaines à compter de la fin de chaque semestre de l'exercice, le gérant de la société de libre partenariat établit l'inventaire de l'actif sous le contrôle du dépositaire. (…) La société de libre partenariat établit un rapport annuel dans les conditions prévues à l'article L. 214-24-19 (du code monétaire et financier) et un rapport semestriel couvrant les six premiers mois de l'exercice. Ces rapports sont mis à la disposition des associés, sans frais, dans des délais fixés par décret »[83].

21. Souplesse de publication. Toutefois, conformément au droit applicable aux fonds d'investissement alternatifs, la

80 CMF. art. L. 214-162-10, al. 1er.
81 CMF. L. 214-162-1, I, al. 1er, lequel exclu l'application de C. com., art. L. 232-21.
82 Loi n° 2016-1691 du 9 décembre 2016 relative à la transparence, à la lutte contre la corruption et à la modernisation de la vie économique, publiée au JORF n°0287 du 10 décembre 2016, art. 119 modifiant l'art. L. 214-162-1, I, al. 1er du CMF.
83 CMF., art. L. 214-162-10, al. 2, al. 5 et al. 6.

société de libre partenariat bénéficie d'une large souplesse statutaire pour la publication de ses comptes sociaux par rapport à une commandite simple traditionnelle[84]. La contrainte liée à l'obligation de certification des comptes de la société de libre partenariat est nettement combattue par l'absence propre de publication de ces derniers. La certification des comptes n'est pas un obstacle pour mener une activité de refinancement d'entreprises en difficulté tandis que la publication des comptes en est une.

22. Affirmation comptable d'une translucidité fiscale. L'absence de personnalité fiscale distincte de celle de ses membres entraîne la parfaite transparence fiscale d'une société[85]. Ce n'est pas le cas de la société de libre partenariat. La seule société bénéficiant de la transparence fiscale est la société immobilière de copropriété. Celle-ci reste tributaire d'une obligation déclarative envers le service des impôts du lieu de son principal établissement[86]. Une déclaration de nature financière retraçant la part de bénéfice perçue par chaque associé[87] ainsi que la part de charges supportée[88] au cours de

---

[84] CMF., art. L. 214-162-1, al. 1er excluant l'application de l'art. L. 232-21 C. com. à la SLP.

[85] CGI., art. 1655 *ter*, al. 1er. Rappelons ici que la société immobilière de copropriété est la seule société dotée d'une véritable transparence fiscale en droit français. Elle ne dispose d'aucune personnalité fiscale distincte de celle de ses associés contrairement aux sociétés fiscalement translucides que sont les sociétés de personnes et civiles ou les sociétés de capitaux revêtant un régime juridique dédié à l'investissement permettant à leurs actionnaires d'être imposés directement en lieu et place de la société. Or, comme nous le détaillerons plus loin, seule la véritable transparence fiscale dont est dotées la société immobilière de copropriété permet la mise ne place d'une optimisation fiscale internationale avec des investisseurs résidents fiscaux étrangers. V. en ce sens : BOI-RFPI-CHAMP-30-20-20121008.

[86] CGI., ann. II, art. 373.

[87] CGI., ann. II, art. 374.

[88] BOI-RFPI-CHAMP-30-20-20170614, § 80.

l'exercice précédent doit également être remise au service des impôts précité. Chaque personne physique ou morale membre de la société immobilière de copropriété doit incorporer à sa propre comptabilité « l'amortissement de la fraction des immeubles sociaux correspondant aux droits de l'entreprise considérée (...) pour la détermination du revenu net afférent auxdites actions ou parts »[89]. Les dispositions prévues dérogent donc au droit applicable à la forme sociale la constituant.

La société de libre partenariat apparaît bien éloignée des obligations comptables découlant d'une réelle transparence fiscale[90]. Le régime fiscal de celle-ci s'apparente plus à une absence d'assujettissement et donc de translucidité fiscale comme nous le détaillerons dans la troisième partie de cet ouvrage.

II. Un droit d'information renforcé

23. La sécurisation des associés non-gérants. Le droit d'information des associés non-gérants est prévu dans tout type de société française[91]. Celui applicable à la société de

---

[89] CGI., ann. II, art. 375, al. 1er.

[90] Le système comptable prévu pour la SIC est donc celui prévu en droit français dans le cadre d'une société fiscalement transparente, s'éloignant ainsi de ceux prévus pour les sociétés de personnes, lesquelles sont fiscalement translucides.

[91] Le lecteur voudra bien se référer aux dispositions relatives à chaque société commerciale et civile puisque leur détail n'apportera rien à notre analyse de la SLP. Nous les écartons donc volontairement de notre champ de réflexion : C. com., arts L. 221-7 et s. (SNC et SCS), C. civ., art. 1852 et 1855 (Sociétés civiles), C. com., art. L. 225-100 et s. (SA, SCA, SAS) ; pour la liberté contractuelle laissée aux associés d'une société en participation ou créée de fait lesquelles peuvent reprendre les règles des sociétés commerciales comme civiles selon leur objet, v. no-

libre partenariat fait pourtant figure d'exception au regard des dispositions en vigueur pour les commandites simples traditionnelles. Ainsi, « la société est tenue de communiquer aux associés, à leur demande, la composition de l'actif dans un délai de huit semaines à compter de la fin de chacun des semestres de l'exercice »[92]. Cela diffère du droit commun des fonds d'investissement alternatifs par nature[93]. Celui-ci exige la publication d'un rapport annuel au plus tard dans les six mois suivant la fin de l'exercice ; sauf lorsqu'est publié un rapport financier annuel conformément au I de l'article L. 451-1-2 du code monétaire et financier. Ce rapport est alors publié au plus tard sous quatre mois suivant la clôture de l'exercice comptable[94].

De surcroît, à la différence d'une société en commandite simple mais conformément au droit commun des fonds d'investissement alternatifs par nature, en plus de l'obligation annuelle de rendre compte de leur gestion[95], les gérants et/ou gestionnaires de la société de libre partenariat doivent établir un rapport annuel respectant certaines règles[96]. Un rapport semestriel retraçant les six premiers mois de l'exercice comptable doit également être tenu[97]. Ces différents rapports doivent être disponibles sans frais et dans les délais fixés par décret à l'égard de tout associé qui en effectue la demande[98].

---

tamment : P. LE CANNU, B. DONDERO, *op. cit.*, n° 1454, p. 919 citant F. DEKEUWER-DEFOSSEZ, « L'unification des sociétés civiles ou commerciales : vers un droit commun ? Les sociétés en participation », *RTD com.* 1984, p. 569.

92 CMF., art. L. 214-162-10, al. 3.

93 RGAMF., art. 421-33 et s. Certaines règles supplétives peuvent s'appliquer en fonction du régime revêtu par le fonds. C'est-à-dire celui du FPS ou du FPCI.

94 CMF., art. D. 214-32-5.

95 CMF., art. L. 214-162-10, al. 4.

96 CMF., art. L. 214-24-19.

97 CMF., art. L. 214-162-10, al. 5.

98 CMF., art. L. 214-162-10, al. 6.

Les dirigeants de la société de libre partenariat sont tenus d'établir un prospectus au regard des règles propres aux fonds professionnels spécialisés[99] tel que nous l'analyserons plus loin. Cette sécurité juridique en termes d'information des associés non-gérants renforce ces derniers dans leur envie de participer à une stratégie d'investissement.

24. Une contrepartie à la personnalité morale. Conformément à ce que recherchent des investisseurs, la société de libre partenariat est une personne morale à part entière. Elle possède une personnalité juridique propre, diminuant la prise de risque de ses membres. Approfondissant son raisonnement sécurisant, le législateur lui a attribué un patrimoine spécifique qui lui est propre et distinct de celui de ses associés.

§2. L'attribut d'un patrimoine spécifique

25. En parfaite adéquation avec les exigences d'une activité d'investissement, l'autonomie patrimoniale de la société de libre partenariat se démarque d'une société en commandite simple. Elle est dotée d'un capital social variable qui adopte les traits du droit financier (**A**) ainsi que d'un patrimoine pouvant être compartimenté (**B**).

A-Un capital social variable

26. L'un des attraits juridiques de la société de libre partenariat pour mener une activité de capital-investissement est qu'elle possède une variabilité sécurisante de son capital social (**I**). Celui-ci se veut dès lors dérogatoire aux sociétés civiles et commerciales (**II**).

---

[99] CMF., art. L. 214-162-10, al. 7.

I. Une variabilité sécurisante

27. Une variabilité optionnelle. Avant la loi dite « Sapin II »[100], lorsqu'elle ne déléguait pas la gestion de ses actifs détenus en portefeuille à une société de gestion agréée par l'Autorité des marchés financiers, la société de libre partenariat devait alors être dotée d'un capital social initial et minimum de 300 000 euros par compartiment[101]. Mais depuis l'entrée en vigueur de cette loi, la société de libre partenariat (chacun de ses compartiments) peut être dotée d'un capital variable[102].

Le droit des sociétés français offre également une telle option pour toute société, civile[103] comme commerciale, ceci à quelques exceptions près. En matière de fixité du capital, la société en commandite simple n'est tenue à aucun capital so-

---

[100] Loi n° 2016-1691 du 9 décembre 2016, *préc.*
[101] CMF. art. L. 214-24, VI.
[102] CMF., art. L. 214-154 rendant applicables à la SLP en tant que FPS les articles L. 214-24-29 et s. ; v. également : CMF., art. L. 214-24-29, al. 5 sur renvoi de l'art. L. 214-162-1, V.
[103] LexisNexis, *Prat.* notariales, Sociétés-Affaires, fasc. n° 1514 « Société civile », n° 38 : « La société civile peut être constituée avec un capital variable, c'est à dire susceptible d'augmenter ou de diminuer constamment. Prévoir un capital variable est concevable dans une société où il y aura des changements fréquents dans la composition des associés et ce, pour éviter la convocation systématique et lourde d'une assemblée générale extraordinaire ».

cial minimum du fait de la responsabilité illimitée d'une partie de ses associés[104]. La jurisprudence admet que son capital social soit symbolique[105].

Dès lors, cette variabilité sur option peut permettre de réduire le risque de liquidation de la société de libre partenariat lorsque celle-ci investit dans des sociétés défaillantes.

II. Une variabilité dérogatoire

28. La variabilité du capital en droit financier. La société de libre partenariat reprend certaines dispositions applicables à la société d'investissement à capital variable[106]. Elle peut donc opter pour une variabilité de son capital dont le montant doit correspondre impérativement à la valeur de son

---

104 Toutefois, la responsabilité indéfinie et solidaire des associés commandités de la SCS (et de la SLP) et des associés de la SNC peut être combattue en interposant une SAS ou une SARL à faible capital social entre les associés et la société en question. La société interposée dotée d'un faible capital devenant l'associée à responsabilité illimitée et solidaire de la SNC ou de la SCS, le ou les associé(s) de cette SAS n'étant responsable(s) qu'à hauteur de leur(s) apport(s) respectif(s) au sein de celle-ci. La responsabilité solidaire et illimitée est ainsi contournée.

105 Ph. MERLE, A. FAUCHON, *op. cit.* n° 160, p. 176 citant Cass. com. 26 nov. 1996, *RJDA* 1997, 236, n° 370 ; M. COZIAN, A. VIANDIER, F. DEBOISSY, *op. cit.,* n° 1238, p. 614 ; P. LE CANNU, B. DONDERO, *op. cit.,* n° 1400, p. 886.

106 CMF., art. L. 214-24-29, al. 5 sur renvoi de l'art. L. 214-162-1, V. Nous ferons remarquer que lorsque la SICAV repose sur une SA, elle est autorisée à posséder un capital social variable au sens du droit financier alors même que la SA reste la seule forme sociale à se voir interdire de recourir au capital social variable au sens du droit des sociétés. Il s'agit d'une contradiction entre droit financier et droit des sociétés.

actif net détenu en patrimoine[107]. Il s'agit d'une différence vis-à-vis d'une société en commandite simple.

Effectivement, le droit financier prend comme assiette de calcul la valeur de l'actif détenu par la société[108] alors que le droit des sociétés s'en remet au montant des apports et des retraits effectués par les actionnaires/associés de la société[109]. Dès lors, le capital variable d'une société de libre partenariat doit ainsi toujours correspondre au montant de l'actif net détenu[110]. Cette notion d'actif net correspond à la valeur liquidative des parts ou actions de chaque catégorie émise par la société[111]. Elle « est obtenue en divisant la quote-part de l'actif net correspondant à la catégorie de parts ou d'actions concernée par le nombre de parts ou d'actions de cette catégorie. Les modalités de calcul de la valeur liquidative des catégories de parts ou d'actions du fonds

---

[107] Pour la définition de la variabilité du capital social au sens du droit financier, v. notamment : Fl. MOULIN, D. SCHMIDT, *Les fonds de capital investissement - Principes juridiques et fiscaux, coll.* City & York Haute Finance, Gualino, 2018, n° 221, p. 238 ; G. GALLAIS-HARMONNO, *SICAV et Fonds commun de placement, les OPCVM en France, coll.* Que sais-je ?, Puf, 2ème éd., 1995, pp. 68 et s. ; A. LANDIER-JUGLAR, F. BOMPAIRE, *Gestion collective - Gérant et dépositaire face à la maîtrise des risques, coll.* marché finance, Revue Bancaire, 2018 n° 2.3.1, p. 45.

[108] CMF., art. L. 214-24-29, al. 5.

[109] C. com., art. L. 231-1 à L. 231-8.

[110] Ainsi, tout comme celui de la SLP, le capital social de la SICAV à sa constitution peut être inférieur à 300 000 euros sans pouvoir être inférieur à 1 euro par compartiment contrairement au FCP : CMF., art. D. 214-32-10, al. 3.

[111] Fl. MOULIN, D. SCHMIDT, *op. cit.*, n° 225, pp. 239-241 ; F.-D. POITRINAL, G. GRUNDELER, *op. cit.*, n° 147, p. 156 déclarant à propos de la SLP que ses statuts « déterminent la périodicité minimale et les modalités d'établissement de la valeur liquidative (art. L. 214-162-8, III, CMF) ».

d'investissement à vocation générale sont explicitées dans le prospectus »[112].

Précisons que la délicate mission d'évaluation des actifs revient au gestionnaire de la société d'investissement à capital variable[113], tout comme pour la société de libre partenariat[114].

Mais lorsque la société de libre partenariat recourt à une gestion interne, elle doit appliquer les conditions propres aux gestionnaires agréés ; notamment l'obligation de capital social minimum de 125 000 euros, capital variable ou pas.

29. Le cloisonnement des risques. Comme tout patrimoine social, celui de la société de libre partenariat est également destiné à désintéresser ses propres créanciers. Ceci est propice à une activité d'investissement diversifiée compuisque le patrimoine de cette forme sociale peut comprendre une multitude de sous-compartiments juridiquement distincts les uns des autres, permettant un cloisonnement des risques.

---

112 Ou à l'une des opérations mentionnées à l'article 422-16 RGAMF ; v. en ce sens : RGAMF., art. 421-28 (pour les FIA) et 411-19 (pour les OPCVM) ; v. en ce sens : A. LANDIER-JUGLAR, F. BOMPAIRE, *op. cit.*, n° 1.2, pp. 251-252.

113 RGAMF., art. 422-27.

114 RGAMF., art. 422-26 : À cette fin, l'équipe de gestion doit mettre « en œuvre et garde opérationnelles des politiques et des procédures qui permettent un calcul précis de la valeur liquidative, sur la base de ses comptes, et une bonne exécution des ordres de souscription et de rachat à cette valeur liquidative ».

B-Un patrimoine compartimenté[115]

30. Favorisant la pratique du capital-investissement, la possibilité offerte à la société de libre partenariat de posséder un patrimoine compartimenté confère un droit de gage exclusif aux créanciers de chaque compartiment (**I**). Il est toutefois laissé à la société la liberté de régir contractuellement les divers actifs éligibles au sein de chaque compartiment (**II**).

I. Un droit de gage exclusif

31. L'autonomie juridique de chaque compartiment. À la différence de la société en commandite simple, la société de libre partenariat dispose d'une singularité patrimoniale puisque ses statuts peuvent lui prévoir un patrimoine compartimenté, sans que cela soit toutefois obligatoire[116].

Chaque compartiment est dès lors soumis aux dispositions applicables à la société[117], conformément au principe d'autonomie dont il relève[118]. Contrairement aux dispositions de l'article 2285 du Code civil instaurant le principe d'unité du patrimoine, « et sauf stipulation contraire des statuts de la société de libre partenariat, les actifs d'un compartiment déterminé ne répondent que des dettes,

---

[115] Une structure également appelée « *umbrella* » en droit anglo-saxon.
[116] CMF., art. L. 214-162-9, I.
[117] CMF., art. L. 214-162-9, I.
[118] A. COURET, P. LE ROUX, J. SUTOUR, « La société de libre partenariat », 5 oct. 2015, Option finance ; J. SUTOUR, B. FOUCHER, « Le limited partnership à la française », Option finance 2015, n° 1311, p. 7 ; B. DONDERO, « La société de libre partenariat (SLP) », Actes prat. ing. sociétaire n° 143/2015, p. 31; N. GOETZ, G. FORNIER, « La société de libre partenariat : le « limited partnership » à la française », Option finance 2015, n° 1338, p. 28.

engagements et obligations et ne bénéficient que des créances qui concernent ce compartiment »[119]. Chaque compartiment tient sa propre comptabilité en toute unité monétaire dans des conditions fixées par décret[120].

Chacun des multiples compartiments peut alors s'analyser comme étant un patrimoine d'affectation coexistant au sein d'une seule et même société[121], fonctionnant indépendamment les uns des autres. Cette spécificité met à mal la théorie classique du patrimoine d'AUBRY et RAU dont les travaux avaient grandement influencé le législateur jusqu'à ce que l'entreprise individuelle à responsabilité limitée ne soit introduite en droit interne[122]. Comme le permet le premier alinéa de l'article L. 526-6 du code de commerce à une personne physique, la société de libre partenariat peut elle aussi décider d'affecter à son activité un patrimoine séparé de son patrimoine principal sans pour autant créer une nouvelle personne morale. Nous sommes donc bien en présence d'un patrimoine d'affectation.

Comme pour toute commandite simple, les créanciers personnels des associés ne peuvent en aucun cas être désintéressés par le patrimoine propre à la société de libre partenariat[123]. Seuls les droits sociaux dont sont titulaires les associés peuvent être saisis. Il en va de même pour les sommes versées par la société à ses associés faisant l'objet

---

119 CMF., art. L. 214-162-9, II.

120 CMF., art. L. 214-162-9, III.

121 J. SUTOUR, « La place de la SLP dans le marché de la gestion d'actifs », *in* « La Lettre des Fusions-Acquisitions et du *Private Equity* », supplément n°1441, Option Finance, 11 déc. 2017.

122 J.-L. HALPERIN, Histoire du droit privé français depuis 1804, PUF, 1996, p. 66, n° 34 ; v. en ce sens : H. CAUSSE, « La théorie classique du patrimoine selon Aubry et Rau, cette fois, c'est bien fini. À propos du projet qui institue pour tout entrepreneur la possibilité de créer un véritable patrimoine d'affectation », Direct Droit, 30 janv. 2010.

123 Cass. com., 2 mai 1983, *BRDA*, n° 18-1983, p. 19.

de la saisie[124]. Toute compensation entre les dettes personnelles des associés et les créances qu'ils détiennent sur la société, ou *vice versa*[125], reste proscrite.

En conséquence, ce cloisonnement des actifs détenus par chaque compartiment permet d'isoler le risque encouru à propos de chaque investissement réalisé sans que celui-ci n'affecte financièrement l'ensemble du portefeuille de la société de libre partenariat. Des techniques relevant de l'ingénierie financière permettent d'obtenir une sécurisation similaire.

II. Une diversité d'actifs éligibles

32. La nature contractuelle des actifs éligibles. Le législateur autorise la société de libre partenariat à établir statutairement ses propres règles d'investissement, d'endettement et d'engagement[126]. Elle déroge ainsi aux articles L. 214-24-55 et L. 214-24-56 du code monétaire et financier. Elle n'est donc tenue au respect d'aucun ratio comme c'est le cas pour un fonds professionnel spécialisé constitué sous une autre forme[127]. La société de libre partenariat démontre ainsi pleinement sa nature contractuelle.

---

[124] Ph. MERLE, A. FAUCHON, *op. cit.,* n° 116, p. 132 ; M. COZIAN, A. VIANDIER, F. DEBOISSY, *op. cit.,* n° 254, p. 142 ; P. LE CANNU, B. DONDERO, *op. cit.,* n° 206, pp. 144-145.

[125] Cass. com., 19 février 1973, *Bull. civ.* IV, n° 82, p. 72.

[126] CMF., art. L. L214-162-7, al. 1er.

[127] Il serait toutefois naïf de croire qu'aucun ratio de structuration des actifs de la SLP n'est réellement décidé par son équipe de gestion. En effet, lors de l'élaboration du prospectus de la SLP en tant que FPS, une politique d'investissement est actée en commun accord entre les porteurs de parts (associés commanditaires) et la société de gestion de portefeuille lorsque le fonds est géré ou avec le ou les gérants (associés commandités) lorsque la SLP est autogérée. À cette occasion, sont également déterminés et appliqués des ratios de division des risques, notamment lorsque la SLP est destinées à d'adonner à une activité à risque

Elle peut posséder tant « des biens immeubles, que des biens meubles, ou encore des titres (actions, obligations, cotées ou non, droits dans d'autres fonds) ainsi que des créances (contrat de prêt) »[128]. La société de libre partenariat peut dès lors « investir dans de très nombreuses classes d'actifs, sous réserve que sa société de gestion dispose des agréments nécessaires »[129]. Il peut s'agir « de biens, dans les conditions définies à l'article L. 214-154 (…) de droits représentatifs d'un placement financier émis sur le fondement du droit français ou étranger, ainsi que d'avances en compte courant consenties, pour la durée de l'investissement réalisé, à des sociétés dans lesquelles la société de libre partenariat détient une participation »[130].

Tout comme la société de libre partenariat, les commandites simples sont libres d'investir dans des biens matériels ou immatériels ainsi que dans des produits financiers[131].

L'ordonnance du 4 octobre 2017[132] permet à la société de libre partenariat de recourir au régime de la cession de créances professionnelles de l'article L. 313-23 du code monétaire et financier, dit régime des « cessions Dailly ».

---

telle que le capital-retournement par exemple. Des ratios d'emprise peuvent également venir s'ajouter aux premiers dans certains cas..

128 Fl. MOULIN, « Alternative investment funds E-News », Jones Day, n°15, sept. 2015, pp. 1-4.

129 *Ibid.*

130 CMF., art. L. 214-162-7.

131 CMF., art. L. 511-6, al. 2, 3 bis et arts R. 511-2-1-1 et R. 511-2-1-2.

132 Ordonnance n° 2017-1432 du 4 octobre 2017 portant modernisation du cadre juridique de la gestion d'actifs et du financement par la dette, JORF n°0233 du 5 octobre 2017, entrée en vieux le 1er janvier 2018 (à l'exception de certaines dispositions entrant en vigueur quant à elles à compter du 1er janvier 2019).

Ceci est également rendu possible pour tout fonds ou organisme professionnel spécialisé[133].

Il s'agit là d'un ensemble de possibilités permettant à la société de libre partenariat d'envisager sereinement une stratégie d'investissement au regard de la diversité d'actifs pouvant être détenus en portefeuille.

33. Un régime sécurisant. La société de libre partenariat présente un statut spécifique : elle possède la personnalité juridique ainsi que tous les attributs qui en découlent, alors même que le législateur lui affirme une transparence fiscale totale. Cette spécificité trouve écho dans un régime juridique qui déroge lui aussi au droit des sociétés afin de permettre une prise de risque mesurée lors de la mise en œuvre d'une stratégie d'investissement.

SECTION II-UN RÉGIME DÉROGATOIRE ET PROTECTEUR

34. Afin de fournir aux investisseurs une structure juridique permettant de réduire leur prise de risque financière, la société de libre partenariat repose en fidèle commandite sur une dualité d'associés (**§1**) ainsi que sur une souplesse d'apport (**§2**). Elle se rapproche en cela d'un véritable *limited partnership* à la française.

§1. Une dualité d'associés

35. Comme tout *limited partnership* anglo-saxon (société privilégiée par les acteurs de l'investissement mondial), le législateur a repris la qualité duale des associés propre à une

[133] J. SUTOUR, A. BORDENAVE, « Et pendant ce temps, la modernisation du cadre de la gestion d'actifs continue… », Option Finance, 30 oct. 2017.

commandite afin d'en faire bénéficier la société de libre partenariat (**A**). Cela n'est pas sans entraîner une responsabilité de même nature, favorable elle aussi à la pratique du capital-retournement (**B**).

A-Une qualité duale

36. L'architecture d'une commandite simple. Le législateur déclare que la société de libre partenariat se voit appliquer certaines dispositions régissant la commandite simple avec cependant quelques exceptions[134]. La société de libre partenariat doit ainsi comporter pour sa constitution au moins un associé commandité et un associé commanditaire[135]. Ceux-là peuvent être des personnes physiques ou morales du moment qu'ils répondent aux exigences posées par les textes. Le législateur ne fixe aucun nombre maximal d'associés. Les textes démontrent bien que la société de libre partenariat est une commandite simple améliorée en lui faisant reprendre une architecture fondée sur un dualisme d'associés.

Les textes favorisent le développement de l'investissement puisque chaque associé peut ainsi jouer le rôle qui lui incombe, sans pour autant empiéter sur les prérogatives de l'autre catégorie. Ainsi, les apporteurs de capitaux ne désirant pas prendre part à la mise en œuvre de la stratégie de

---

[134] CMF. art. L. 214-162-1, I déclare que : « les articles L. 221-3, L. 221-7 et L. 221-12, le second alinéa de l'article L. 221-16 et les articles L. 222-4, L. 222-5, L. 222-7 à L. 222-9, L. 222-12, L. 231-1 à L. 231-8, L. 232-21 et L. 233-16 à L. 233-28 du code de commerce ne sont pas applicables aux sociétés de libre partenariat. Les autres dispositions concernant la société en commandite simple sont applicables à la société de libre partenariat sous réserve du présent sous-paragraphe. Le livre VI du code de commerce et les articles L. 214-155 et L. 214-157 du présent code ne sont pas applicables aux sociétés de libre partenariat ».

[135] *Ibid.*

refinancement d'entreprises en difficulté menée par le fonds constitué en société de libre partenariat n'y seront pas contraints. En revanche, ceux désirant jouer un rôle actif dans les affaires internes pourront le faire sans pour autant contrevenir aux dispositions statutaires ou légales encadrant la société.

Le dualisme d'associés dont est dotée la société de libre partenariat favorise donc une levée de fonds diversifiée au regard de la nature des apporteurs de capitaux.

37. Des effets positifs. Le dualisme touchant à la qualité des associés de la société de libre partenariat favorise une levée de fonds auprès d'acteurs financiers différents. Les attentes du capital-investissement et de ses différentes branches vont en ce sens. La dualité de responsabilité qui touche les associés s'inscrit également dans cette perspective.

B-Une responsabilité duale

38. Une source de sécurité financière. Le législateur déclare que la société de libre partenariat se voit appliquer certaines dispositions prévues pour la commandite simple par le code de commerce avec toutefois quelques exceptions[136]. Ainsi, « les associés commandités ont le statut des associés en nom collectif. Les associés commanditaires répondent

[136] CMF. art. L. 214-162-1, I déclare que : « les articles L. 221-3, L. 221-7 et L. 221-12, le second alinéa de l'article L. 221-16 et les articles L. 222-4, L. 222-5, L. 222-7 à L. 222-9, L. 222-12, L. 231-1 à L. 231-8, L. 232-21 et L. 233-16 à L. 233-28 du code de commerce ne sont pas applicables aux sociétés de libre partenariat. Les autres dispositions concernant la société en commandite simple sont applicables à la société de libre partenariat sous réserve du présent sous-paragraphe. Le livre VI du code de commerce et les articles L. 214-155 et L. 214-157 du présent code ne sont pas applicables aux sociétés de libre partenariat ».

des dettes sociales seulement à concurrence du montant de leur apport »[137]. Les associés commandités reprennent alors le régime de responsabilité illimitée des associés en nom. Ils « ont tous la qualité de commerçant et répondent indéfiniment et solidairement des dettes sociales. Les créanciers de la société ne peuvent poursuivre le paiement des dettes sociales contre un associé, qu'après avoir vainement mis en demeure la société par acte extrajudiciaire »[138].

La société de libre partenariat se démarque de la plupart des autres sociétés tant commerciales que civiles puisqu'elle reprend l'architecture d'une commandite simple[139].

Toutefois, la société de libre partenariat répond du droit commun des sociétés puisque « toutes actions contre les associés non-liquidateurs ou leur conjoint survivant, héritiers ou ayants cause, se prescrivent par cinq ans à compter de la publication de la dissolution de la société au registre du commerce et des sociétés »[140].

Ainsi, les associés commanditaires de la société de libre partenariat ne participant pas à la mise en œuvre de la stratégie de refinancement d'entreprises défaillantes se voient dès lors financièrement protégés. La responsabilité illimitée des commandités peut quant à elle être facilement encadrée comme nous le verrons en détail plus loin dans cet ouvrage. Cela concourt à l'attractivité de l'utilisation de la société de libre partenariat pour constituer un fonds d'investissement.

---

[137] C. com., art. L. 222-1.

[138] C. com., art. L. 221-1 ; pour le détail du régime juridique lié à la qualité de commerçant, v. notamment : Th. LÉOBON, *Droit commercial*, (ss. dir.) Ch. SINNASSAMY, *coll.* Lexifac Droit – Licence Master, Bréal, 2018, pp. 47-86.

[139] Nous ne reprendrons pas ici le détail des règles gouvernant la structure de chaque société car celle-ci n'apporterait rien à cet ouvrage. Le lecteur est invité à s'y reporter s'il le souhaite.

[140] C. com., art. L. 237-13.

39. Levée de fonds stimulée. La société de libre partenariat démontre parfaitement son caractère « exotype » avec sa dualité d'associés empruntée à la société en commandite simple traditionnelle. Mais l'emprunt vaut également dans d'autres domaines, notamment celui de la constitution financière de la société. Le législateur permet à la société de libre partenariat de bénéficier d'une souplesse d'apport favorisant la pratique du capital-investissement.

§2. Un régime dual d'apport

40. La société de libre partenariat présente une dualité d'associés. Celle-ci entraîne inévitablement une dualité de régime d'apport comme cela est déjà prévu pour une commandite simple traditionnelle (**A**). Or, les parts émises présentent un caractère novateur favorisant de surcroît une levée de fonds diversifiée (**B**).

A-L'aspect d'une commandite simple

41. Tel que cela est admis pour une société en commandite simple, la société de libre partenariat peut recourir à l'apport en industrie sous certaines conditions (**I**). Elle est également autorisée à utiliser l'avance en compte courant d'associé afin de se financer de manière alternative et sécurisée (**II**).

I. L'admission d'apport en industrie

42. La protection des créanciers sociaux. Le législateur réserve à la société de libre partenariat un régime d'apport identique à celui de la société en commandite simple. En effet, tout comme ce qui est prévu pour cette dernière, les associés commanditaires peuvent effectuer des apports en nature et en espèce. Il leur est toutefois interdit de réaliser un apport en industrie[141]. Les associés commandités, peuvent quant à eux, effectuer des apports en espèce, en nature ou en industrie sans pour autant que ce dernier concourt au capital social. Il en va de même dans toute société où l'apport en industrie est permis[142].

L'associé commanditaire de la société de libre partenariat est celui dont la responsabilité est limitée au montant de ses apports. Son patrimoine personnel doit donc pouvoir faire l'objet d'une saisie en faveur des créanciers de la société tout comme dans la commandite simple. Si des apports en industrie venaient à être effectués par des commanditaires, aucune saisie ne serait possible sur des apports de telle nature[143]. Il pourrait s'agir là d'une opportunité pour stimuler

---

[141] C. com., art. L. 222-1, al. 2.

[142] C. com., art. L. 222-1, al. 2 ; v. en ce sens : Ph. MERLE, A. FAUCHON, *op. cit.,* n° 160, pp. 176-177 (pour une commandite simple ou des associés en nom) ; C. civ., art. 1843-2, al. 2 (pour les sociétés civiles), C. com., art. L. 223-7, al. 2 (pour une société à responsabilité limitée. La SAS peut recevoir des apports en numéraire et en nature comme la SA, mais elle peut également recevoir des apports en industrie depuis le 1er janvier 2009, date d'entrée en vigueur de la loi de modernisation de l'économie (LME), du 4 août 2008, publiée au JORF du 5 août 2008. Mais les apports en industrie ne concourent pas au capital social de la SAS. V. en ce sens : Ph. MERLE, A. FAUCHON, *op. cit.,* n° 686, p. 770 citant S. SCHILLER et P. L. PERIN, « Les apports en industrie dans les SAS », *Rev. sociétés* 2009. p. 59 ; A. THEIMER, « Les apports en industrie dans une SAS », *JCP E* 2009, 2149 ; Th. MASSART, « Les apports de savoir-faire dans la SAS », *Bull. Joly* 2009. 1154, n° 233 ; M. COZIAN, A. VIANDIER, F. DEBOISSY, *op. cit.,* n° 988, pp. 505-506 ; P. LE CANNU, B. DONDERO, *op. cit.,* n° 969, pp. 644-645.

[143] V. en ce sens : Ph. MERLE, A. FAUCHON, *op. cit.,* n° 200, p. 201, lesquels précisent que « au cas où le commanditaire ne libérerait pas son apport en espèces ou en nature, les créanciers sociaux pourraient agir contre lui par voie d'action oblique (C. civ., art. 1341-1 nouv.), mais également, selon la jurisprudence, par voie d'action directe (Req. 24 jan. 1894, *D.* 1894. I. 519 ; *S.* 1895, I, 497, Wahl). (...) L'ancien

l'investissement à risque comme le retournement même si une telle limite permet de sécuriser les créanciers de la société et de lui octroyer une plus grande marge de manœuvre dans la conduite de sa stratégie de refinancement.

Par ailleurs, et contrairement à une société en commandite simple, les apports en industrie réalisés par les associés commanditaires restent soumis au contrôle d'un commissaire aux comptes désigné par les statuts de la société de libre partenariat[144].

II. L'admission d'avance en compte courant

43. Avance de sommes. Si le législateur ne permet pas à la société de libre partenariat d'émettre des titres de créances, (possibilité réservée exclusivement aux sociétés par actions dont la société d'investissement à capital variable et même au fonds commun de placement qui n'en est pourtant pas une), celle-ci peut recourir à la technique du compte courant d'associé afin de trouver un moyen alternatif de financement. La pratique parle d'ailleurs « d'apport en compte courant ». Juridiquement, cela reste toutefois des avances consenties par les associés en faveur de la société.

Au regard de ce que déclare le I de l'article L. 214-162-3 du code monétaire et financier qui mentionne « l'octroi de prêts » de ses associés à la société de libre partenariat et ce que déclare l'article L. 312-2, 2° du même code, la société de libre partenariat semble pouvoir recourir à la technique

---

droit n'admettait pas cette action directe, pour ne pas dévoiler la personnalité des commanditaires. Aujourd'hui le pacte social révèle leurs noms et les créanciers sociaux sont autorisés à compter sur leurs apports » ; P. LE CANNU, B. DONDERO, *op. cit.*, n° 1415 à 1419, pp. 893-896.

[144] CMF. art. L. 214-162-8, I, 2°.

de financement du compte courant d'associé au même titre qu'une société en commandite simple[145]. La société de libre partenariat peut elle-même détenir des comptes courants d'associés au sein des sociétés dont les titres composent son actif.

Cette possibilité constitue d'ailleurs une sérieuse opportunité pour mener une stratégie d'investissement. Ainsi, le fonds constitué sous la forme d'une société de libre partenariat peut disposer d'un mode alternatif de financement. Il peut à son tour apporter des fonds de la même manière dans une société composant son portefeuille.

Comme ce qui est réclamé par le législateur pour une commandite simple, seuls les associés commanditaires pourront recourir à la technique des comptes courants d'associés, à condition de détenir au moins 5 % du capital social[146].

44. Contrepartie juridique aux apports. Les titres émis par la société de libre partenariat se scindent en deux catégories selon que leurs porteurs soient des associés commandités ou commanditaires. La dualité d'associés entraîne une nature « bifide » des titres émis. Cela permet que ceux-ci soient ou non négociables. Il s'agit d'une certaine nouveauté en droit des sociétés français, laquelle se montre propice à une levée de fonds.

B-Une émission de parts novatrice

45. Favorisant la levée de fonds dédiée au refinancement d'entreprises en difficulté, le législateur permet à la société de libre partenariat d'adopter un régime d'émission et de libération contractuelle **(I)** de titres à la nature bifide **(II).** Il

---

145 V. en ce sens : Fl. MOULIN, D. SCHMIDT, *op. cit.*, n° 258, p. 312.
146 CMF., art. L. 312-2, 1°.

lui accorde ainsi la possibilité contractuelle d'émettre des titres (et/ou parts) de préférence (**III**).

I. Émission et libération contractuelles

46. Possibilité d'émission et de libération successives de titres financiers. Les statuts de la société de libre partenariat fixent les modalités et formes d'émission et de libération des parts sociales et des titres financiers[147]. Cette spécificité concède aux associés la possibilité de prévoir statutairement une libération successive. Il s'agit en l'état d'un autre atout de la société de libre partenariat face à certains fonds d'investissement alternatifs n'en disposant pas. C'est notamment le cas vis-à-vis de la société d'investissement à capital variable[148]. Le principe de libération immédiate est alors battu en brèche.

L'émission et la libération successives de titres favorisent toutes les deux une levée de fonds à risque en capital-investissement. Plusieurs levées de fonds successives permettent de répondre favorablement aux besoins financiers successifs nécessités par la stratégie financière. Elles accordent aussi aux investisseurs la possibilité d'étaler leurs apports dans la durée.

47. La détermination contractuelle des sanctions. Autre atout juridique de la société de libre partenariat aux yeux des investisseurs, il s'agit de la possibilité de prévoir statutairement les sanctions du défaut de libération des apports. Une telle mesure permet de faire adhérer les investisseurs à leurs éventuelles sanctions et d'éviter d'exposer la

---

[147] *Ibid.*

[148] CMF. art. L. 214-24-31, 1°.

stratégie de refinancement au juge. Lorsque les conditions statutaires de libération ne sont pas respectées par un associé de la société de libre partenariat, le gérant « peut, un mois après une mise en demeure, procéder de plein droit à la cession de ses parts ou à la suspension de toute distribution »[149]. Ceci étant, le législateur accorde encore plus de pouvoir à la liberté contractuelle. Il affirme que « dans les conditions qu'ils déterminent, les statuts peuvent prévoir à l'encontre de l'associé défaillant la suspension de ses droits non pécuniaires jusqu'au complet paiement des sommes dues »[150].

II. La nature « bifide »[151] des parts

48. Titres négociables et non négociables. Afin de favoriser à la fois l'arrivée de nouveaux membres et ainsi éviter que des investisseurs indésirables viennent perturber la mise en œuvre de la stratégie de retournement, deux types de parts peuvent être émises. Bien entendu, certaines clauses contractuelles permettent de sécuriser la liquidité des parts de commanditaires. Les parts dont disposent les associés commanditaires de la société de libre partenariat sont des titres financiers négociables. Cela fait exception au principe prévu à l'art. L. 221-14 du code de commerce. Les parts des associés commandités restent quant à elles, non négociables, leur cession doit être constatée par écrit[152]. La cession doit être rendue opposable à la société dans les

[149] CMF. art. L. 214-162-8, I, 1°, al. 2.
[150] CMF. art. L. 214-162-8, I, 1°, al. 2.
[151] J. CHACORNAC, « La société de libre partenariat ou le « réveil paradoxal » de la société en commandite simple », *CREDA*, lettre n° 2015-27, 5 oct. 2015.
[152] CMF. art. L. 214-162-8, IV, 1°.

formes relatives à une cession de créances conformément au droit commun[153].

Les parts de la société de libre partenariat se démarquent ainsi de celles d'une commandite simple qui ne sont, quant à elles, pas négociables (parts de commandités comme de commanditaires)[154].

III. La création de parts spécifiques

49. Conformément aux exigences nées de la pratique du capital-investissement, le législateur exige de la société de libre partenariat qu'elle émette des parts nominatives (**1**). Il lui accorde toutefois la possibilité de mettre en place des parts de préférence (**2**) ainsi que des parts de *carried interest* (**3**).

1. La création de parts nominatives

50. Une obligation légale. Dans le but de fédérer les investisseurs autour de l'objet social de la société de libre partenariat, celle-ci émet des parts qui sont obligatoirement nominatives[155]. Cela n'est pas le cas des autres types de fonds d'investissement alternatifs par nature pour lesquels les parts sont nominatives ou au porteur, selon leurs statuts ou règlement. Le fait de connaître le nom de ses coassociés

---

[153] C. civ., art. 1690 (signification de la cession par voie d'huissier); v. en ce sens : Cass. com. 15 déc. 2009, *aff.* Sté Recocash c/ Beugina, n° 08-18.81, 1182 F-D. Précisons tout de même qu'il est possible d'éviter le recours à l'huissier de justice par le dépôt de l'original au siège de la société.
[154] C. com., art. L. 221-13, al. 1er.
[155] CMF. art. L. 214-162-8, I, 1°, al. 1er.

en capital-investissement est primordial au regard des risques financiers liés à la stratégie mise en œuvre.

2. La création de parts de préférence

51. Pour assurer la sécurisation de la stratégie financière, les parts de préférence de la société de libre partenariat concourent à son caractère inédit. Elles s'analysent comme une innovation juridique (**a**) bénéficiant d'une entière liberté contractuelle pour leur cession (**b**).

a. Innovation juridique

52. Droits sociaux modulables. Autre particularité de la société de libre partenariat : ses statuts sont autorisés à « prévoir des parts donnant lieu à des droits différents sur tout ou partie de l'actif de la société ou de ses produits. Les parts peuvent également être différenciées selon les dispositions prévues au second alinéa de l'article L. 214-24-25[156] ou dans les conditions prévues par les statuts »[157]. Ainsi, les statuts de la société de libre partenariat peuvent prévoir l'émission de parts comportant chacune des droits financiers et politiques propres[158]. Ces droits peuvent alors être différents de ceux prévus pour les autres parts. Chaque part

---

[156] Lequel dispose à son second alinéa que « les fonds d'investissement à vocation générale peuvent comprendre différentes catégories de parts ou d'actions dans des conditions fixées par le règlement du fonds ou les statuts de la SICAV, selon les prescriptions du règlement général de l'Autorité des marchés financiers ».

[157] CMF., art. L. 214-162-8, II.

[158] Par « droits politiques », nous entendons les droits de vote ainsi que le droit à l'information comptable dont jouit tout associé dont l'un de la SLP.

(ou type de part) peut aussi être dotée d'une valeur nominale propre. Les droits politiques qui leur sont attachés peuvent également être modulés. Ce n'est pas négligeable surtout lorsque la société de libre partenariat est utilisée en tant que fonds d'investissement. Précisons que parmi les droits politiques, le droit d'information reste quant à lui rigide même s'il diffère complétement de ce que prévoit le droit commun des sociétés comme étudié précédemment.

Autre attrait favorisant l'investissement, les textes ouvrent la possibilité de prévoir des parts traçantes ; c'est-à-dire celles « dont le revenu serait assis sur une partie de l'actif »[159]. Le règlement d'un fonds commun de placement constituant un fonds d'investissement par nature est autorisé à faire de même[160].

Le rachat des parts de préférence peut également intervenir non plus qu'à la seule demande de la société, mais de manière conjointe avec le propriétaire des actions en question. Les conditions de rachat peuvent donc être déterminées conjointement par la société et par l'actionnaire potentiel, cela dès l'émission des parts de préférence. Les statuts de la société de libre partenariat permettent de prévoir de telles modalités.

Concernant la société en commandite simple, les droits pécuniaires et politiques peuvent être modulés librement *via* les dispositions statutaires en l'absence de précision de la part du législateur.

---

[159] A. COURET, Ch. LEFAILLET, « La structuration des droits pécuniaires des investisseurs : l'affirmation d'une vraie liberté », *in* La Lettre des Fusions-Acquisitions et du *Private Equity*, suppl. n°1441, Option Finance, 11 déc. 2017.

[160] I. RIASSETTO, N. DUGUAY, « Parts traçantes et FCP », BJB 2011, p. 57.

b. Cession contractuelle

53. Compétence statutaire exclusive. Les textes permettent aux statuts de la société de libre partenariat de « prévoir des clauses d'agrément, d'inaliénabilité, de préférence, de retrait ou de cession forcée et des clauses prévoyant la suspension des droits non pécuniaires des associés selon les conditions et modalités, notamment de prix, prévues par les statuts »[161]. Ces clauses permettent de limiter la liquidité des parts de commanditaires conformément à ce qu'implique une activité à risque comme le capital-investissement. Les statuts peuvent donc prévoir que le souscripteur initial et les cessionnaires successifs restent tenus de manière solidaire du montant non libéré des parts ou titres[162], faisant exception au principe de solidarité entre le souscripteur initial et les cessionnaires successifs[163].

Les parts de la société de libre partenariat s'analysent donc comme une nouvelle catégorie de parts de préférence. Elles se démarquent de celles émises par une société en commandite simple traditionnelle puisque ses « parts sociales ne peuvent être cédées qu'avec le consentement de tous les associés »[164]. Dans ce dernier cas, cela équivaut donc à un agrément unanime pour toute cession. Le texte poursuit en aménageant cette règle pour les parts de commanditaires[165].

---

[161] CMF. art. L. 214-162-8, IV, al. 3 précisant que « toute cession effectuée en violation des clauses statutaires est nulle. Ces clauses sont adoptées ou modifiées par une décision collective des associés dans les conditions prévues par les statuts ».

[162] CMF. art. L. 214-162-8, IV, al. 4.

[163] CMF. art. L. 214-157.

[164] C. com., art. L. 222-8, I.

[165] C. com., art. L. 222-8, II.

L'agrément de cession des parts de la société de libre partenariat doit être prévu statutairement, le législateur n'impose rien contrairement à une commandite simple[166].

3. La création de parts de *carried interest*

54. L'émission de parts de rémunération des dirigeants. La société de libre partenariat peut émettre des parts de *carried interest*. Celles-ci se destinent à apporter une rémunération à ses gestionnaires personnes physiques. Le droit des sociétés permet à l'ensemble des autres sociétés commerciales et civiles de faire de même. De telles parts sont nécessaires pour mener à bien une stratégie d'investissement à risque.

Sont attachés aux parts de *carried interest* des droits sociaux différents de ceux prévus pour les parts souscrites par les associés (commandités et commanditaires) de la société de libre partenariat[167].

Ces parts sont donc destinées à rémunérer les membres salariés de l'équipe de gestion de la société sous certaines conditions cumulatives[168]. Par exemple, les parts de *carried interest* ne doivent pas être attribuées gratuitement. Les salariés ou dirigeants en étant titulaires « doivent avoir souscrit ou acquis leurs parts ou actions de *carried interest* moyennant un prix correspondant à la valeur de ces parts ou actions »[169].

---

[166] C. com., art. L. 222-8.
[167] CMF. art. L. 214-162-8, II.
[168] Pour l'ensemble de ces conditions, v. notamment : BOI-RPPM-PVBMI-60-10-20160304, § 10 et s.
[169] BOI-RPPM-PVBMI-60-10-20160304, § 110.

55. Une souplesse à multiples facettes. La société de libre partenariat démontre son caractère inédit avec son régime d'apport ainsi que par la nature des parts émises en échange. Mais cette spécificité qui lui permet d'être considérée actuellement comme un « ovni juridique » par la doctrine se matérialise également dans sa grande souplesse de fonctionnement. Cela fait d'elle une forme sociale présentant de multiples avantages pour mener une stratégie d'investissement.

Chapitre II

Le fonctionnement contractuel

56. Plan du second chapitre. L'avantage indéniable de la société de libre partenariat sur ses concurrentes est qu'elle est empreinte d'une très grande liberté contractuelle. Ses associés peuvent la moduler à souhait conformément à ce que nécessite la conduite d'une stratégie d'investissement à risque. Nous avons fait le choix de commencer par présenter ce qui fait d'elle ce qu'elle est aujourd'hui : une forme sociale au fonctionnement juridique des plus souples en droit français. Cet « avant-goût » permettra au lecteur de mieux cerner sa nature dérogatoire au droit de la commandite simple présenté dans le chapitre suivant.

Ainsi, la société de libre partenariat dispose d'une organisation de nature contractuelle **(Section I)** ainsi que d'un pouvoir décisionnel qui l'est tout autant **(Section II)**.

SECTION I – UNE ORGANISATION CONTRACTUELLE

57. Favorisant la conduite d'une stratégie de capital-investissement, la société de libre partenariat dispose d'un gestionnaire et d'un gérant. Le premier étant attaché à la gestion financière des actifs du fonds tandis que le second se concentre sur la représentation de la société. Cela permet au gestionnaire de se concentrer exclusivement sur la stratégie de retournement mise en œuvre dans les sociétés cibles.

Mais les deux fonctions peuvent échoir à la même personne tel que nous l'aborderons plus loin dans cet ouvrage. Les contours juridiques des deux fonctions sont définis de manière contractuelle **(§1)**. Les deux dirigeants sont tenus par une responsabilité de droit commun **(§2)**, synonyme de souplesse accrue et de singularité juridique en droit interne.

§1. Une gestion et une gérance contractuelles

58. La gouvernance contractuelle concédée par le législateur à la société de libre partenariat lui permet de prévoir statutairement une gestion interne ou externe **(A)** ainsi qu'une gérance exercée par un associé ou non **(B)**. Cet aspect pratique permet ainsi de moduler librement la conduite de l'activité d'investissement.

A-Une gestion interne ou externe

59. La loi exige de la société de libre partenariat qu'elle dispose d'un gestionnaire de portefeuille. Celui-ci doit donc faire l'objet d'une désignation obligatoire (**I**) dont les conditions restent toutefois de nature contractuelle (**II**).

I. Un gestionnaire obligatoire

60. Une obligation légale modulable. Contrairement à ce que pourrait laisser entendre les dispositions du premier alinéa de l'article L. 214-162-2 du code monétaire et financier, les actifs détenus en portefeuille par la société de libre partenariat doivent impérativement être gérés par un gestionnaire personne physique ou morale. En tant que fonds d'investissement alternatif par nature, cette forme sociale doit confier la gestion de son portefeuille à un gestionnaire. Certes, ce dernier peut être externe à la société, comme il peut être également interne à celle-ci lorsqu'elle est autogérée. En pratique, la conduite d'une stratégie d'investissement nécessite de disposer d'une équipe de gestionnaires qualifiés, ceux-là pouvant dès lors être internes ou externes à la société. L'obligation de gestionnaire n'est donc pas une contrainte sur ce point.

La fonction de gestionnaire de portefeuille reste cependant facultative pour toute société en commandite simple même lorsqu'elle mène une activité purement financière[170]. Elle reste surtout conditionnée par des effets de seuils fixés par le code monétaire et financier.

II. Une désignation contractuelle

61. Compétence exclusive des statuts. La société de libre partenariat est dotée d'un ou plusieurs gérants, selon les dispositions statutaires adoptées par ses associés[171].

Or, ceux-ci ne disposent pas obligatoirement du pouvoir de gestion des actifs détenus en portefeuille par la société. Il peut effectivement être opéré une délégation de gestion globale ou partielle au profit d'un gestionnaire personne physique ou morale. Ce dernier peut également être l'un des associés (ou non) de la société de libre partenariat ; situation dont les conditions sont définies statutairement[172].

Cette caractéristique permet de cloisonner la mise en œuvre stratégique du retournement vis-à-vis de la gestion courante de la société cible.

---

[170] V. en ce sens : CMF., art. L. 214-24, III.
[171] *Ibid.*
[172] CMF. art., L. 214-162-2, al. 1er et 3.

Une telle possibilité est également rendue possible pour une société en commandite simple traditionnelle.

Son mode de gestion permet de qualifier la société de libre partenariat d'autogérée lorsque son gestionnaire est l'un de ses associés, et de gérée en externe lorsque son gestionnaire est un tiers. La délégation de gestion ne confère pas pour autant la qualité de gérant au gestionnaire[173]. Seuls les actifs détenus en portefeuille relèvent de sa compétence[174]. Un régime de gestion propre à la société de libre partenariat se dessine.

62. Poursuite de la dérogation portée à la commandite simple. La société de libre partenariat démontre son caractère inédit en de multiples endroits face aux commandites simples de droit interne. Naturellement, ce caractère favorise son utilisation en tant que fonds d'investissement. Lorsqu'il s'agit de nommer statutairement son ou ses gérants, la société de libre partenariat déroge encore au droit applicable à la société en commandite simple.

B-Un gérant associé ou non

63. Conformément à la souplesse qu'exige la mise en œuvre optimale d'une stratégie de capital-investissement, la gérance de la société de libre partenariat repose sur la liberté contractuelle des associés en matière de nomination (**I**) comme de pouvoir (**II**).

---

[173] CMF. art., L. 214-162-2, al. 1er.
[174] CMF. art., L. 214-162-2, al. 2 et 3.

I. La nomination contractuelle

64. Prévalence de la liberté contractuelle. La société de libre partenariat peut comprendre un ou plusieurs gérants, lesquels ne sont pas obligatoirement associés[175]. Le gérant nommé par les associés et mentionné comme tel dans les statuts peut être une personne physique ou morale[176]. Les statuts fixent également les conditions de sa révocation[177]. Tous les associés de la société de libre partenariat n'ont pas la qualité de gérant. Il s'agit d'une différence avec ceux de la société en commandite simple. Le législateur écarte explicitement l'application de l'article L. 221-3 du code de commerce pour ceux-ci[178].

Tout associé commanditaire de la société de libre partenariat peut être nommé gérant de celle-ci, à la différence là encore d'une société en commandite simple[179].

En revanche, le gérant de la commandite simple ne peut pas être l'un de ses associés commanditaires.

Par conséquent, le caractère inédit de la société de libre partenariat est nettement avéré en matière de gérance. La liberté contractuelle attachée à la désignation du ou des gérants permet de mettre en œuvre une stratégie financière de manière adaptée et sécurisée comme nous l'aborderons en détail dans un prochain chapitre.

---

[175] CMF. art. L. 214-162-1, III.
[176] CMF. art. L. 214-162-1, III.
[177] CMF. art. L. 214-162-1, III.
[178] CMF. art. L. 214-162-1, I.
[179] CMF. art. L. 214-162-3, I : « un associé commanditaire ne peut faire aucun acte de gestion externe, hormis le cas où il est gérant ou société de gestion de la société, et en cette seule qualité. Dans ce cas, l'article L. 222-6 du code de commerce ne s'applique pas ».

II. Les pouvoirs contractuels

65. La prévalence de la liberté statutaire. Un associé commanditaire de la société de libre partenariat ne peut faire aucun acte de gestion externe, hormis le cas où il est gérant ou gestionnaire du portefeuille de la société[180]. Le gérant associé commanditaire peut alors accomplir des actes de gestion externe, sans pour autant que cela entraîne la remise en cause de sa responsabilité limitée à ses apports[181].

Tout acte de gestion externe reste proscrit aux associés commanditaires alors qu'une liste non exhaustive d'actes de gestion interne leur reste autorisé[182]. C'est par exemple le cas dans l'exercice de leurs prérogatives d'associés.

Il en va de même lorsqu'ils formulent des avis et des conseils auprès du fonds ou de ses entités détenues en portefeuille, ou encore auprès des dirigeants de ces dernières[183].

La société de libre partenariat se démarque positivement des autres sociétés de droit interne. Elle permet aux investisseurs de participer à la mise en œuvre d'une stratégie financière très risquée sans pour autant qu'ils soient qualifiés de gérants et que leur responsabilité devienne *de facto* illimitée.

Les statuts de la société en nom collectif sont les seuls à établir les actes relevant de la compétence des gérants et ceux qui par conséquent sont hors champ comme pour la société de libre partenariat.

---

[180] CMF., art. L. 214-162-3, I.
[181] CMF., art. L. 214-162-3, I.
[182] CMF., art. L. 214-162-3, I.
[183] CMF., art. L. 214-162-3, I.

66. Contrepartie de la liberté contractuelle. Lorsque le législateur a voulu codifier la société de libre partenariat, il lui a attribué une nature dérogatoire en empruntant le meilleur de chaque société pour n'en former qu'une seule. Il savait pertinemment que cela ne pouvait aboutir qu'à une responsabilité des dirigeants partiellement aménagée. En effet, voulant transposer en droit français ce qu'avait fait avant lui le droit étranger, le législateur français a permis d'aménager certains aspects de la responsabilité des dirigeants de la société de libre partenariat.

§2. Une responsabilité dérogatoire des gérants

67. La fonction de gérant de la société de libre partenariat bénéficie d'une responsabilité dérogatoire au droit commun, laquelle démontre un caractère attractif (**A**). Cette dérogation est motivée par diverses raisons pratiques mises en avant par la doctrine (**B**).

A-Une dérogation au droit commun

68. Absence de responsabilité civile des gérants en cas de difficulté de la société. Outre une responsabilité civile[184], fiscale[185] et pénale[186] de droit commun prévue pour ses gérants et son gestionnaire, la société de libre partenariat présente certaines spécificités juridiques. Ses statuts sont

---

[184] CMF. art. L. 214-162-3, II.

[185] CMF. art. L. 214-162-3, II et CGI. art. 1741 puisque le ou les gérants de la SLP répond personnellement du délit de fraude fiscale.

[186] CMF. art. L. 214-162-3, II, lequel n'exclut pas l'application de l'art. L. 820-4 du C. com. (responsabilité pénale de droit commun concernant les infractions portées au commissariat aux comptes de la société). L'art. L. 214-162-1, I, al. 1er du CMF exclu l'application du second alinéa de l'art. L. 221-3 du C. com., ce qui permet au gérant personne morale de la SLP de relever lui aussi du droit commun de la responsabilité des gérants de cette nature.

libres de prévoir et d'organiser la répartition des dividendes, plus-values de cession de titres et de l'éventuel *boni* de liquidation. Le législateur permet également à ses associés de se mettre à l'abri d'une action pour insuffisance d'actif (dont notamment le gérant s'il est l'un d'eux). En effet, l'action prévue à l'article L. 651-2 du code de commerce et donc du livre VI de celui-ci est inapplicable à la société de libre partenariat[187].

69. Motivations pratiques. Cette dérogation au droit commun peut sembler incompréhensible de prime abord. Cependant, les explications fournies par certains auteurs permettent de prendre conscience du bien-fondé de cette dérogation et de son atténuation par les règles applicables aux organismes de placement collectif en la matière.

B-Une dérogation pratique

70. Explication doctrinale. Selon certains auteurs, une telle possibilité est motivée par le fait que la société de libre partenariat est utilisée exclusivement comme organisme de placement collectif, et qu'à ce titre elle ne dispose d'aucun fournisseur mais uniquement des investisseurs[188]. Même si elle possède des créanciers à raison de son activité, la société de libre partenariat dispose de techniques de prévention propres aux organismes de placement collectif. Ceux-ci lui permettent de déroger au droit commun des entreprises en difficulté[189] comme nous le développerons plus loin[190]. La pratique de l'investissement en est favorisée

---

[187] CMF., art. 214-162-1, I, al. 2.
[188] I. RIASSETTO, M. STORCK, « La résolution bancaire entre droit commun des procédures collectives et droit commun de la régulation » *in Mélanges en l'honneur de Jean-Luc VALLENS, Liber amicorum,* Joly, oct. 2017, n° 26, p. 172.
[189] *Ibid.*
[190] V. *Supra.,* n° 76 et s.

puisque la prise de risque s'en trouve nettement diminuée. Celle-ci se cantonne alors aux seules sommes apportées.

De plus, les gérants de la société de libre partenariat sont passibles de sanctions prévues par la commission des sanctions de l'Autorité des marchés financiers pour les gestionnaires de fonds d'investissement alternatifs. Il en va ainsi lorsque cette société est autogérée comme nous le verrons dans un prochain chapitre.

71. Un signal favorable envoyé aux investisseurs. La liberté contractuelle attribuée par le législateur à la société de libre partenariat se montre au service tant des associés que de la société elle-même. La souplesse des modalités de consultation et des règles d'investissement permettent à cette société d'offrir un cadre juridique adapté à la prise de hauts risques financiers.

SECTION II – UN POUVOIR DÉCISIONNEL CONTRACTUEL

72. Pour satisfaire les attentes des investisseurs, le législateur donne aux associés de la société de libre partenariat une grande liberté pour fixer les modalités de consultation collective **(§1)**. Cette spécificité s'accompagne de dispositions permettant de modéliser contractuellement certains aspects de la dissolution et de la liquidation de la société **(§2)**.

§1. Des modalités contractuelles de consultation

73. Des mesures évitant le blocage de la stratégie financière. Démontrant la nature dérogatoire de la société de libre partenariat, ce sont les statuts de celle-ci qui sont chargés (par le législateur) de déterminer toutes les décisions devant être adoptées par la collectivité des associés ou par une partie d'entre eux uniquement[191]. Les statuts fixent également les conditions et les formes des consultations[192] ; ils permettent de doter la société de libre partenariat d'un organe collégial ou non (cela rappelle les caractères de la société par actions simplifiée). Dans le même ordre d'idées, la prorogation de la société relève de ces dispositions puisqu'elle ne peut être décidée que dans le respect des clauses statutaires[193].

Le droit applicable à tout type de société attribue compétence à leurs statuts pour fixer leur durée de vie initiale de 99 ans maximum[194]. La décision de leur prorogation relève tout de même de l'assemblée générale extraordinaire[195] dans les conditions fixées par le Code civil[196]. Mais dans tous les cas, la prorogation ne peut pas dépasser la limite maximale des 99 ans d'existence.

Mais en tout état de cause, qu'il s'agisse de la prorogation d'un organisme de placement collectif ou d'une société civile ou commerciale, l'opération n'entraîne pas la création d'une personne morale nouvelle[197].

Cette flexibilité permet aux décisions collectives d'être prises outre par les associés « par une partie des associés afin d'assouplir la gouvernance de la société de libre partenariat et éviter des conflits d'intérêts en cas de *carried*

---

[191] CMF., art. L. 214-162-8, I, 3°, al. 1er.
[192] CMF., art. L. 214-162-8, I, 3°, al. 1er.
[193] CMF., art. L. 214-162-8, I, 3°, al. 1er.
[194] C. civ., art. 1838 (pour les sociétés régies par le Code civil) et C. com., art. L. 210-2 (pour les sociétés régies par le code de commerce).
[195] BOI-ENR-AVS-20-50-20120912, § 10.
[196] C. civ., art. 1844-6.
[197] C. civ., art. 1844-3.

interest »[198]. Elle permet aussi d'éviter tout blocage des associés lors d'une situation de désaccord relative à la mise en œuvre de la stratégie d'investissement pourtant préalablement décidée. Là encore, cette liberté contractuelle est empruntée à la société par actions simplifiée[199].

Le législateur fixe néanmoins certaines limites puisqu'il déclare que « toutes décisions emportant modification de l'objet social, la fusion, l'absorption, la scission, la transformation ou la liquidation de la société sont adoptées collectivement par les associés commanditaires, dans les conditions prévues par les statuts et avec l'accord du ou des associés commandités »[200]. Les décisions prises dans l'irrespect de ces règles seront frappées de nullité sur demande en justice de tout intéressé[201]. Dès lors, les décisions ordinaires relèvent de la liberté contractuelle alors que les décisions extraordinaires sont encadrées par la loi. Une autre facette de cette contractualisation du pouvoir directionnel de la société de libre partenariat se révèle au travers de ses règles statutaires d'investissement et d'engagement. Les décisions qui s'y rapportent vont également en ce sens[202]. De telles dispositions permettent à la société de libre partenariat d'emprunter à ses concurrentes de droit interne ce qu'elles ont de meilleur afin de mieux se démarquer d'elles en matière d'attractivité juridique. La nature dérogatoire de la société de libre partenariat s'affirme là encore, servant de manière idéale la prise de risque.

---

[198] A. COURET, Ch LEFAILLET, « La structuration des droits pécuniaires des investisseurs : l'affirmation d'une vraie liberté », *préc.,* citant *RD.* bancaire et fin. 2017, comm. 40, obs. I. RIASSETTO au sujet des modifications apportées par la loi n° 2016-1691 du 9 décembre 2016, dite « loi Sapin II ».
[199] C. com., art. L. 227-9 et s.
[200] CMF. art. L. 214-162-8, I, 3°, al. 2.
[201] CMF. art. L. 214-162-8, I, 3°, al. 3.
[202] CMF. art. L. 214-162-7, al. 1er.

La société de libre partenariat reprend la flexibilité statutaire d'une société en nom collectif pour la prise de décisions collectives[203]. Toutefois, les associés en nom doivent obligatoirement se réunir au moins une fois par an afin d'approuver les comptes sociaux comme toutes les sociétés[204].

Une commandite simple reprend cette souplesse juridique à la différence que « la réunion d'une assemblée de tous les associés est de droit, si elle est demandée soit par un commandité, soit par le quart en nombre et en capital des commanditaires »[205].

74. Une contractualisation sécurisante. Si la liberté contractuelle (en termes de modalités de consultation et de pouvoir d'investissement) offerte aux associés de la société de libre partenariat diffère peu de celle de la société par actions simplifiée, il en va autrement pour ses modalités de dissolution et de liquidation. En effet, la société de libre partenariat bénéficie d'un aménagement juridique face au droit des entreprises en difficulté. Il s'agit d'un atout pour mener une activité de refinancement d'entreprises défaillantes.

§2. Des modalités contractuelles de dissolution et de liquidation

75. S'inscrivant une fois encore dans le sens des attentes des investisseurs, le législateur autorise les associés de la société de libre partenariat à prévoir contractuellement les modalités de sa dissolution et de sa liquidation. Il affirme ainsi l'exclusion de toute application du droit des faillites à

---

[203] C. com., art. L. 221-6 et s.
[204] C. com., art. L. 221-7.
[205] C. com., art. L. 222-5.

son égard (**A**). La répartition des actifs sociaux est de nature statutaire (**B**).

A-L'exclusion du droit commun des faillites

76. Le bénéfice du régime des organismes de placement collectif en difficulté. Le législateur permet à la société de libre partenariat de se soustraire à une partie du régime fixé pour les entreprises en difficulté. Il lui déclare inapplicable le livre VI du code de commerce relatif aux difficultés des entreprises et régissant les procédures de prévention et de traitement de la défaillance économique[206]. La société de libre partenariat échappe donc au champ d'application des procédures de conciliation et de mandat *ad hoc*, à la sauvegarde judiciaire ainsi qu'aux procédures de redressement et de liquidation judiciaire. La raison est que la société de libre partenariat reste réservée exclusivement à la constitution d'une catégorie de fonds d'investissement alternatifs par nature comme nous l'aborderons en détail ultérieurement[207]. Cette spécificité n'est pas le cas des autres formes sociales tant commerciales que civiles.

Les différents procédés de prévention des difficultés qu'offre le droit des organismes de placement collectif permettent au gestionnaire de la société de libre partenariat de prévoir statutairement des techniques spéciales de gestion des liquidités. Le gestionnaire peut également suspendre l'émission des parts, ou encore procéder à une scission des actifs lorsque la santé financière du fonds le requiert[208]. L'Autorité des marchés financiers peut également réclamer la mise en œuvre de telles mesures. Cela peut donc se rapprocher sur certains points des procédures judiciaires de droit commun applicables aux entreprises en difficulté.

---

[206] CMF. art. L. 214-162-1, I, al. 2.
[207] V. *Infra.*, n° 79 et s.
[208] I. RIASSETTO, M. STORCK, *op. cit.*, n° 126 et s.

Mises à part les causes de dissolution propres à une société commerciale ou civile traditionnelle[209], les statuts de la société de libre partenariat permettent de prévoir contractuellement les causes et modalités de sa liquidation[210].

De plus, le droit commun des fonds d'investissement alternatifs à vocation générale impose à la société de libre partenariat une liquidation dès lors que le montant de ses actifs par compartiment reste en dessous de 300 000 euros pendant trente jours consécutifs.

Par conséquent, le droit des entreprises en difficulté ne s'applique pas à la société de libre partenariat du fait de son appartenance exclusive à la catégorie des organismes de placement collectif. Cependant, les procédures pouvant lui être imposées par l'Autorité des marchés financiers produisent à son égard et à celui de ses membres des effets proches.

77. Des conséquences financières attractives. En excluant l'application du droit des entreprises en difficulté à la société de libre partenariat, le législateur permet à ses associés de prévoir statutairement les modalités de répartition de ses actifs et de son boni de liquidation. Cette spécificité propre à tout organisme de placement collectif attribue à la société de libre partenariat de sérieux avantages financiers par rapport aux autres formes sociales de droit interne. Cette spécificité favorise de surcroît la levée de fonds à risque engendrée par l'activité d'investissement.

---

209 C. civ., art. L. 1844-7.
210 CMF. art. L. 214-162-8, V.

B-La répartition contractuelle des actifs

78. Une contractualisation efficiente. Le législateur déclare que « les modalités de répartition du *boni* de liquidation sont déterminées librement par les statuts de la société de libre partenariat »[211]. Il s'agit d'une différence très nette avec la commandite simple traditionnelle. Cette particularité favorise la prise de risque des investisseurs puisqu'ils pourront récupérer en grande partie leurs sommes. Ils pourront ainsi prévoir par avance les actifs qui seront attribués à chacun d'entre eux en cas de dissolution ou de liquidation contractuelle du fonds. À rebours des modalités de répartition de droit commun qui prévoient que le partage du *boni* de liquidation s'effectue en proportion des parts sociales ou des actions détenues, les statuts de la société de libre partenariat n'y sont pas tenus. Effectivement, les statuts de celle-ci sont seuls compétents pour décider des associés dans le *boni* de liquidation.

Cela permet de surcroît de limiter les actions en comblement de passif de la part des tiers.

De plus, le législateur indique que « les statuts fixent librement les conditions de répartition de tout ou partie des actifs de la société de libre partenariat »[212]. Cette disposition permet de rappeler que « l'accès direct aux actifs s'opère traditionnellement selon les procédures classiques avec ou sans le secours des dispositions statutaires : paiement du dividende sous forme d'actifs qui n'est pas juridiquement assimilable à un partage partiel d'actifs ; attribution d'actifs suivie de réduction du capital avec l'accord de tous les associés si la réduction profite à un seul (et) partage des actifs lors de la liquidation »[213].

---

[211] CMF., art. L. 214-162-8, V.
[212] CMF., art. L. 214-162-11.
[213] A. COURET, Ch. LEFAILLET, *art. préc.*

L'article L. 214-162-11 du code monétaire et financier poursuit en déclarant que la liberté statutaire permet de fixer librement les conditions du « remboursement d'apport aux associés » de la société de libre partenariat. Enfin, ce même texte permet aussi, concernant les apports des associés, d'en fixer statutairement « les conditions dans lesquelles la société de libre partenariat peut en demander la restitution totale ou partielle »[214]. Il en va de même pour un fonds commun de placement à risque[215]. Cela traduit « l'intention du législateur d'élargir les différentes formes possibles d'attribution aux investisseurs des prélèvements opérés sur les sommes dont la contrepartie comptable est représentative du compte capital social ou assimilé (que celui-ci provienne des apports ou de la capitalisation des profits précédemment accumulés et non reportés à nouveau) »[216].

Le fait de pouvoir également fixer statutairement la durée comme les conditions de liquidation et de répartition des actifs de la société de libre partenariat diffère de ce que connaît la société en commandite simple.

---

[214] CMF., art. L. 214-162-11.

[215] Remplacé actuellement par le fonds professionnel spécialisé (FPS) et le fonds de capital investissement (FPCI) ; A. COURET, Ch. LEFAILLET, *art. préc.*

[216] *Ibid.*

Deuxième partie

Le caractère réservé de la société de libre partenariat

79. Plan de la deuxième partie. Les textes imposent cette nouvelle forme sociale dans le paysage des fonds d'investissement, la réservant à la constitution d'un fonds professionnel spécialisé[217]. La société de libre partenariat est donc soumise aux règles financières mais également en partie aux règles du droit des sociétés régissant la société en commandite simple. Son qualificatif de « mutant juridique » est dès lors parfaitement assumé[218].

Son caractère réservé permet à la société de libre partenariat de revêtir uniquement le régime juridique d'un fonds professionnel spécialisé (**Chapitre I**). Sa gestion financière doit alors impérativement être régulée conformément aux exigences européennes (**Chapitre II**). Le régime des holdings ainsi que celui de fonds d'investissement alternatif par objet étant bien plus souples, ils feront l'objet d'un comparatif destiné à poser un constat.

---

[217] F.-D. POITRINAL, G. GRUNDELER, *op. cit.*, n° 132, pp. 150-151.
[218] V. *Supra.*, n° 01.

Chapitre I

Le régime spécifique

80. Plan du premier chapitre. Comme nous l'avons étudié précédemment la société de libre partenariat présente un caractère innovant incontestable disposant d'un très fort potentiel juridique afin de mener une activité d'investissement. Son utilisation reste toutefois plus contraignante par rapport à la liberté qu'offre le régime holding ou encore celui des fonds d'investissement alternatifs par objet[219]. Selon nous, malgré une sécurité juridique flagrante, le régime de fonds professionnel spécialisé la prive actuellement d'un véritable essor auprès des acteurs du capital-investissement.

---

[219] Rappelons que lorsque nous utiliserons le terme de « holding », il faut entendre par celui-ci toute société revêtant le régime de holding et qui mène une activité telle que définie à l'article L. 532-9, V, 7° du code monétaire et financier ; échappant ainsi à la qualification « d'autre FIA » et donc au champ d'application de la directive dite « AIFM ». Celles-ci ne doivent pas être confondues avec les sociétés revêtant elles aussi le régime de holding mais qui, par leur stratégie financière et leur objet social, sont qualifiées « d'autres FIA ». Il s'agit des anciennes holding « ISF » ou encore de holding dites « d'investissement » qui n'entrent pas dans l'exclusion posée par l'article L. 532-9, V, 7° précité. Ces dernières relevant du régime des FIA par objet, lorsque nous mentionnerons les règles applicables aux « autres FIA », il faudra comprendre qu'elles trouvent également à s'appliquer à ce type de holding.

L'analyse de celui-ci est donc nécessaire afin de comprendre et maitriser les rouages de la société de libre partenariat.

La conduite d'une stratégie financière de capital-investissement réclame une sécurité maximale. La société de libre partenariat répond positivement à cette attente par son statut juridique (**Section I**). Le régime attaché à ses parts connaît fait de même (**Section 2**).

Section I – Le statut juridique spécifique

81. La société de libre partenariat est un fonds déclaré constitué de manière *ad hoc* (**I**). Son gestionnaire est obligé d'établir obligatoirement un prospectus (**II**) à la différence d'une holding ou d'un fonds d'investissement alternatif par nature.

§1. La création d'un fonds *ad hoc*

82. La société de libre partenariat se trouve confrontée à des règles de constitution propres que ne connaissent pas les « autres FIA » ou les holdings (**A**). Cette rigidité lui est propre puisqu'elle ne peut constituer qu'un fonds d'investissement déclaré (**B**).

A- Des règles de constitution propres

83. Création *ab initio* ou par voie de transformation. Si la société de libre partenariat est une forme sociale, elle reste néanmoins un fonds d'investissement alternatif déclaré en tant que fonds professionnel spécialisé tout comme le fonds professionnel de capital-investissement[220]. Dès

---

[220] RGAMF., art. 423-16 et 423-17 (pour le FPS) et 423-37 (pour le FPCI). Dès lors, la SLP doit, comme tout fonds déclaré, requérir une

lors, de sérieuses restrictions sont à observer quant à sa constitution. La société de libre partenariat peut ainsi être constituée par la transformation d'un fonds déclaré[221], cela sous certaines conditions. Il faut que soit obtenu l'accord express et unanime[222] de chaque porteur de parts et que le fonds désireux de se transformer se mette en conformité avec les exigences du nouveau régime envisagé[223]. Aucun accord implicite faisant suite au silence des porteurs de parts durant un certain délai écoulé ne peut être admis[224]. Une telle transformation se réalise sans aucune dissolution du fonds préexistant[225]. Précisons d'emblée que les porteurs

---

déclaration auprès de l'AMF un mois après sa constitution et elle reste soumise à un contrôle *a posteriori* de la part de l'AMF dans le mois suivant « l'établissement de l'attestation ou du certificat de dépôt du fonds professionnel spécialisé ou d'un compartiment mentionné aux articles 422-9 et 422-13 (RGAMF) » : CMF., art. L. 214-153 et Instr. AMF n° DOC-2012-06, relative aux modalités de déclaration, de modifications, établissement d'un prospectus et informations périodiques des fonds professionnels spécialisés et des fonds professionnels de capital investissement, art. 1 et s. (pour FPS dont SLP) et art. 2, 2-1, 3-2 et 3-3 (pour FPCI).

[221] RGAMF., art. 423-46, al. 1er (pour transformation d'un FPCI en un FPS).

[222] Il ne peut en aucun cas être dérogé à l'unanimité pour une décision de transformation d'un FPCI en FPS constitué sous forme de SLP, cela même si le règlement du FPCI en prévoit autrement. Il s'agit là d'une règle d'ordre public. V. en ce sens : Fl. MOULIN, D. SCHMIDT, *op. cit.,* n° 201, p. 216 citant AMF, « Question/réponses sur la création des FCPR contractuels », 5 nov. 2008 ; F.-D. POITRINAL, G. GRUNDELER, *op. cit.,* n° 141, p. 154. Rappelons que le FPS est issu de la fusion des anciens FCPR contractuels et des OPCVM contractuels subdivisés en deux catégories qu'étaient les fonds ARIA et ARIEL. Cette fusion donnant naissance au FPS est intervenue en raison de la transposition de la directive AIFM en droit français en 2013.

[223] CMF., art. L. 214-162.

[224] Fl. MOULIN, D. SCHMIDT, *op. cit.*, n° 201, p. 216 citant AMF, « Question/réponses sur la création des FCPR contractuels », 5 nov. 2008.

[225] F.-D. POITRINAL, G. GRUNDELER, *op. cit.,* n° 141, p. 154.

de parts du fonds à transformer deviennent les associés commanditaires au sein de la nouvelle société de libre partenariat[226]. Les mêmes règles s'appliquent en sens inverse, c'est à dire lorsque c'est la société de libre partenariat qui souhaite se transformer en une autre catégorie de fonds déclaré. Toutefois, un organisme de placement collectif en valeurs mobilières ne peut se transformer en société de libre partenariat[227]. En outre, cette dernière est également autorisée à se transformer en un organisme de financement spécialisé, qui est, rappelons-le, une catégorie de fonds d'investissement alternatif déclarés[228].

En revanche, pour qu'un fonds d'investissement alternatif par objet puisse se transformer en société de libre partenariat, il faut que ses associés revêtent tous la qualité de porteurs de parts professionnels au sens du code monétaire et financier[229]. Après cela, un accord express et unanime des porteurs de parts professionnels du fonds à transformer devra être obtenu. Or, en pratique, le passage du statut d'investisseur non professionnel à celui de professionnel s'avère assez complexe.

Cette solution vaut également pour une holding qui désirerait se transformer en société de libre partenariat et *vice versa*.

---

[226] CMF., art. L. 214-162-12.

[227] RGAMF., art. 422-98 sur renvoi de l'art. 423-23.

[228] Ordonnance n° 2017-1432 du 4 octobre 2017 portant modernisation du cadre juridique de la gestion d'actifs et du financement par la dette, JORF n°0233 du 5 octobre 2017, entrée en vigueur le 3 janvier 2018, à l'exception de certaines dispositions entrant quant à elles en vigueur à compter du 1er janvier 2019. Précisons que l'ordonnance crée une nouvelle catégorie de FIA par nature, à savoir les organismes de financement spécialisé (OFS), lesquels avec les organismes de titrisation (OT) forment la catégorie des organismes de financement (OF).

[229] Fl. MOULIN, D. SCHMIDT, *op. cit.*, n° 202, p. 217.

B-Un objet exclusivement financier

84. Le principe de spécialité. L'objet social de la société de libre partenariat se cantonne strictement à la gestion de fonds[230]. Son objet (principe de spécialité) est de nature exclusivement financière, écartant toute activité commerciale ou industrielle. Il en va de même pour tout fonds déclaré[231].

Les sociétés régies par le code de commerce, qu'il s'agisse des sociétés de personnes ou de capitaux, disposent d'une nature commerciale par la forme. Mais cela ne leur interdit pas de disposer d'un objet commercial ou civil[232]. Elles peuvent avoir un objet financier lorsqu'elles sont utilisées comme fonds d'investissement alternatif par objet[233].

Comme ce qui est réclamé à tout fonds d'investissement alternatif déclaré, la société de libre partenariat doit requérir

---

[230] V. en ce sens : A. REYGROBELLET, « La société de libre partenariat, un nouveau véhicule d'investissement », JCP, N 2015, p. 1222 ; I. RIASSETTO, « La société de libre partenariat, un nouveau fonds d'investissement professionnel dans le paysage de la gestion collective française », *Bull.* Joly Bourse 2015, n° 10 ; I. RIASSETTO, I. CORBISIER, « La société de libre partenariat française et la société en commandite spéciale luxembourgeoise, quel degré de parenté ? », *Rev. sociétés* 2015 ; M. STORCK, « Création d'un nouveau véhicule d'investissement, la société de libre partenariat, et renforcement de l'attractivité des OPCI », *RTD com.*, 2015.

[231] CMF., art. L. 214-24-34 et s. (pour le FCP) et art. L. 214-24-29, al. 1er CMF (pour la SICAV). Par sa position n° 2013-16 du 13 oct. 2013, l'AMF précise que les FIA, par objet comme par nature, ne doivent pas « poursuivre un objet commercial ou industriel général et mutualiste des capitaux aux fins d'investissements réalisés en vue de générer un rendement collectif pour les investisseurs ».

[232] Pour la liste des actes de commerce, qui rappelons le, lorsqu'ils sont réalisés de manière habituelle et au titre de l'activité principale de la société donnent son objet commercial à celle-ci, voir : C. com., arts. L. 110-1 et L. 110-2. En revanche, lorsqu'une société commerciale par la forme dispose d'un objet civil, elle est alors qualifiée de société civile par objet.

[233] CMF. art. L. 214-24, III.

une déclaration auprès de l'Autorité des marchés financiers un mois après sa constitution. Elle reste soumise à un contrôle *a posteriori* de la part du régulateur dans le mois suivant « l'établissement de l'attestation ou du certificat de dépôt du fonds professionnel spécialisé ou d'un compartiment mentionné aux articles 422-9 et 422-13 (RGAMF) »[234].

À la différence d'une société de libre partenariat, une holding constituée par exemple sous forme de société par actions simplifiée n'est pas soumise à l'obligation de disposer d'un objet social exclusivement financier. Cela lui permet donc de mener des activités commerciales ou industrielles connexes à son activité principale de gestion et de détention de titres de participation.

Un fonds d'investissement alternatif par objet atteignant (ou pas) les seuils de gestion dictés par le code monétaire et financier n'est pas tenu d'avoir un objet social exclusivement financier. En effet, le fonds qualifié « d'autre fonds alternatif » au sens de l'article L. 214-24, III du code précité peut mener des activités commerciales, industrielles ou même civiles de manière connexe à son activité principale de gestion de fonds. Cela explique que certaines holdings soient qualifiées de fonds d'investissement alternatifs par objet alors qu'elles mènent une activité commerciale connexe à celle d'investissement. De plus, les fonds alternatifs par objet ne dépassant pas les seuils de gestion posés par le législateur ne sont donc soumis à aucune procédure de déclaration, ni au contrôle *a posteriori* de celle-ci.

---

[234] CMF., art. L. 214-153 et Instr. AMF n° DOC-2012-06, relative aux modalités de déclaration, de modifications, établissement d'un prospectus et informations périodiques des fonds professionnels spécialisés et des fonds professionnels de capital-investissement, art. 1 et s. (pour FPS dont SLP).

Il en va de même pour les holdings n'étant pas des fonds déclarés auprès de l'Autorité des marchés financiers.

§2. L'établissement obligatoire d'un prospectus

85. Comme tout fonds professionnel spécialisé, la société de libre partenariat est soumise à l'obligation d'établir un prospectus en respectant des conditions imposées tant de forme (**A**) que de fond (**B**).

A- Des conditions de forme

86. Les exigences du régulateur à l'égard d'un fonds professionnel spécialisé se matérialisent par des exigences formelles touchant les statuts de la société de libre partenariat (**I**). Il en va de même pour son document d'information même si celui-ci reste destiné à un certain type d'investisseurs (**II**).

I. Des exigences formelles

87. Des statuts qualifiés de règlement du fond. Contrairement aux fonds d'investissement alternatifs déclarés constitués sous forme de fonds commun de placement, la société de libre partenariat n'est pas dotée de règlement. Ce sont ses statuts qui le constituent. Les dispositions contenues dans le règlement d'un fonds déclaré constitué sous forme de fonds commun de placement doivent donc être présentes dans les statuts de la société de libre partenariat.

Elles doivent l'être aussi dans les statuts d'une société d'investissement à capital variable constituant un fonds déclaré[235].

---

[235] CMF., art. L. 214-157, I.

Effectivement, l'élaboration d'un règlement n'est réclamée par le législateur que lorsque le fonds professionnel spécialisé est constitué sous forme de fonds commun de placement, ce dernier n'ayant pas la personnalité morale et ne pouvant donc pas être régi par des statuts.

En revanche, lorsque le fonds professionnel spécialisé est constitué sous forme de société d'investissement à capital variable (il devient donc une société d'investissement professionnelle spécialisée), celle-ci étant constituée par une société anonyme ou une société par actions simplifiée, ses statuts constituent son règlement. Ils en reprennent le contenu en plus des règles de droit commun.

Cependant, une holding ainsi qu'un « autre fonds alternatif » non soumis à agrément sont dotés de statuts comme toute forme sociale commerciale ou civile. Aucun règlement ne leur est réclamé par l'Autorité des marchés financiers. Leurs statuts se substituent au règlement en toute liberté.

88. Des clauses statutaires obligatoires. Les exigences précitées vont être accentuées par le fait que le régime du fonds professionnel spécialisé entraîne l'obligation pour l'équipe de gestion de la société de libre partenariat d'établir un prospectus[236]. Cela est imposé à tout gestionnaire de fonds d'investissement alternatif réservé à des porteurs de parts professionnels. Le prospectus du fonds professionnel spécialisé est destiné à être remis à tout investisseur préalablement à sa souscription[237]. Il contient tous « les renseignements nécessaires pour que les investisseurs puissent juger en pleine connaissance de cause l'investissement qui leur est proposé, et notamment les risques inhérents à celui-

[236] CMF., art. L. 214-162-10, al. 7.
[237] RGAMF., art. 423-31, al. 1er.

ci »[238]. De telles règles s'appliquent aux statuts de la société de libre partenariat composant exclusivement son prospectus[239].

En revanche, le règlement du fonds professionnel spécialisé et les statuts la société d'investissement professionnelle spécialisée font alors « partie intégrante du prospectus » [240]. Ils ne le composent toutefois pas uniquement comme pour la société de libre partenariat. Dans ce cas précis, le règlement et les statuts ne sont fournis qu'à titre d'annexe du prospectus[241].

Les fonds déclarés ne sont dotés que d'un seul prospectus regroupant alors l'ensemble de ses compartiments[242].

Ces règles s'appliquent également lorsque ces fonds sont constitués sous forme de société d'investissement à capital variable. Cependant, leurs statuts remplacent les règlements des fonds communs de placement. Comme pour tout fonds déclaré, dont la société de libre partenariat, « le recueil des souscriptions ne peut intervenir qu'après établissement du prospectus »[243]. Ce dernier doit être remis préalablement aux investisseurs avant toute souscription ou acquisition de parts ou d'actions du fonds[244].

Lorsqu'un « autre fonds alternatif » n'offre pas ses titres au public et que son gestionnaire n'est pas pleinement sou-

---

238 RGAMF., art. 422-71, al. 1er.
239 RGAMF., art. 423-31-1.
240 RGAMF., art. 423-19, al. 2.
241 RGAMF., art. 423-19, al. 2.
242 Instr. AMF n° DOC-2012-06, *préc.,* art. 14 sur renvoi de l'art. 423-19, al. 1er (pour le FPS) et 423-38, al. 2 RGAMF (pour le FPCI).
243 RGAMF., art. 423-18 (pour FPS dont SLP).
244 RGAMF., art. 423-18.

mis à la directive relative aux gestionnaires de fonds alternatifs[245], la réalisation d'un prospectus n'est pas réclamée[246].

Il en va de même pour une holding. Celle-ci, rappelons-le, étant entièrement exclue du champ d'application de la directive précitée sous certaines conditions[247].

II. Un éventuel document d'information

89. Élaboration conditionnée. La société de libre partenariat (en tant que fonds déclaré) ne peut être dispensée de l'établissement d'un document d'information clé pour l'investisseur seulement lorsque ses statuts réservent l'acquisition de ses parts à des investisseurs professionnels au sens de l'article L. 533-16 du code monétaire et financier[248]. La société de libre partenariat s'en trouve dispensée puisque le législateur réserve pleinement ses parts aux investisseurs relevant de l'article L. 214-144 du Code monétaire et financier. Celui-ci renvoie expressément à la définition contenue à l'article L. 533-16 précité.

La catégorie des fonds d'investissement alternatifs par objet respectant les conditions de l'article R. 532-12-1 du

---

245 Directive n° 2011/61/UE, *préc.*

246 CMF., art. L. 214-24-III et voir également : http://www.amf-france.org/Acteurs-et-produits/Produits-et-SICAV/ FIA/Presentation.

247 CMF., art. L. 532-9-V, 7°.

248 RGAMF., art. 423-32-1 (pour le FPS) et 423-54 (pour le FPCI) et Règlement (UE) n° 1286/2014 du Parlement européen et du Conseil du 26 novembre 2014 sur les documents d'informations clés relatifs aux produits d'investissement packagés de détail et fondés sur l'assurance, dit règlement PRIIPS (*Packaged Retail Investment and Insurance- based Products*), publié au JOUE du 9 déc. 2014 ; voir aussi : Instruction AMF n° DOC-2012-06, *préc,* art.14-1.

code monétaire et financier est dispensée d'établir un document clé au même titre qu'une holding[249]. Mais tout « autre FIA » reste soumis à une obligation d'information envers ses associés lorsqu'il souhaite bénéficier de la réduction d'impôt (IRPP) accordée au titre des souscriptions en numéraire au capital des sociétés ainsi qu'au titre des souscriptions de parts de fonds commun de placement dans l'innovation. Il s'agit de situations dans lesquelles le fonds doit adresser à chaque investisseur, et ce préalablement à la souscription de ses titres, un document d'information clé expliquant les conditions de détention des titres pour bénéficier de l'avantage fiscal précité[250]. C'est une obligation qui reste toutefois moindre que celle pesant sur la société de libre partenariat en tant que fonds professionnel spécialisé.

B-Des conditions de fond

90. Mentions obligatoires. Outre les mentions obligatoires imposées à toute commandite simple, les statuts de la société de libre partenariat sont contraints à un strict formalisme. Celui-ci est soumis à l'appréciation de l'Autorité des marchés financiers.

Cela n'est pas le cas pour une société en commandite simple (par exemple) utilisée comme « autre fonds alternatif » ne disposant pas d'un gestionnaire agréé.

Il en va de même pour une holding. Leurs statuts ne répondent alors que du droit applicable à la forme sociale. La liberté contractuelle dont est imprégnée la société de libre

---

[249] CMF., art. L. 214-24, III et voir également : http://www.amf-france.org/Acteurs-et-produits/Produits-et-SICAV/FIA/Presentation.
[250] CGI., art. 199 *terdecies*-0 A, I, 3°, al. 4 et CMF., art. D. 214-80-3 et D. 214-80-5.

partenariat est donc contrariée par une complexité d'élaboration et un formalisme qui entravent son avantage concurrentiel.

En termes de mentions obligatoires, les statuts doivent se conformer aux dispositions de l'Instruction de l'Autorité des marchés financiers n° DOC-2012-06 afin de permettre la commercialisation de ses parts[251]. L'Autorité préconise (sans caractère obligatoire dès lors que les informations exhaustives sont présentées) que les statuts de la société de libre partenariat soient rédigés en deux rubriques distinctes. La première partie doit s'intituler : « caractéristiques générales ainsi que modalités de fonctionnement et de gestion » ; la seconde partie doit porter quant à elle sur les « acteurs »[252].

La première partie est tenue de débuter par un double avertissement envers le potentiel porteur de parts afin de lui indiquer qu'il s'apprête à devenir associé d'un fonds alternatif non agréé sous forme de société de libre partenariat dont l'organisation relève de la liberté contractuelle[253]. Elle doit aussi préciser que la souscription des parts est réservée à une catégorie[254]. Le second avertissement reste en revanche obligatoire uniquement lorsque la commercialisation des parts est réalisée en France, et que les porteurs de parts sont donc des résidents français.

Doivent s'en suivre plusieurs rubriques (dix-huit dans le modèle type), lesquelles « doivent être exhaustivement reprises »[255], mais sans qu'il soit pour autant nécessaire de les

---

[251] Instr. AMF n° DOC-2012-06, *préc.,* art. 14-17 sur renvoi de l'art. 423-19, al. 1er.

[252] Instr. AMF n° DOC-2012-06, *préc.,* annexe III.4 sur renvoi de l'art. 423-19, al. 1er.

[253] *Ibid.*

[254] *Ibid.*

[255] *Ibid.,* annexe III.4 : doivent être contenues les informations suivantes dans les statuts de la SLP après le préambule : « 2° Dénomination ou

présenter selon le plan fourni par l'Autorité des marchés financiers[256]. Ces rubriques fournissent les éléments de constitution et de souscription ainsi que les règles d'investissement et de liquidation de la société de libre partenariat en tant que fonds professionnel spécialisé[257]. La seconde partie des statuts de la société de libre partenariat concerne donc les acteurs en relation avec la société en tant que fonds alternatif[258]. Cette liste d'informations est exhaustive, mais peut être présentée différemment.

---

raison sociale, siège social et adresse postale si celle-ci est différente ; 3° Forme juridique et État membre dans lequel la société de libre partenariat a été constituée ; 4° Date de création et durée d'existence prévue ; 5°, règles d'investissement et d'engagement ; 6° Rappel des compartiments, des différentes catégories de parts, des modalités d'émission, de libération et des droits attachés à ces différentes catégories de parts ; 7° Conditions et modalités des souscriptions, acquisitions et rachats des parts ; 8° Droits de vote attachés aux parts ; 9° Information sur les frais ou indication sur le lieu où se trouve ladite information ; 10° Conditions et modalités de modification des statuts, ainsi que formes et conditions des décisions qui doivent être prises collectivement par les associés ; 11° Souscripteurs concernés (dans le respect de l'article 423-27-1 du règlement général) ; 12° Durée et date de clôture de l'exercice comptable ; 13° Montant minimum de souscription pour chaque compartiment / type de parts ; 14° Code ISIN, le cas échéant ; 15° Périodicité minimale et modalités d'établissement de la valeur liquidative ; 16° Support et modalités de publication ou de communication de la valeur liquidative ; 17° Conditions de liquidation, de la répartition des actifs et de l'éventuel *boni* de liquidation ; 18° Indication du lieu où l'on peut se procurer les informations périodiques, le dernier rapport annuel, la dernière valeur liquidative de la société de libre partenariat ainsi que l'information sur ses performances passées.

[256] *Ibid.*

[257] *Ibid.*

[258] *Ibid* : les informations exhaustives concernant les acteurs de la SLP concernent la description de l'identité et du statut juridique du « 1° Gérant ; 2° Société de gestion ; 3° Associé commandité ; 4° Dépositaire et conservateurs ; 5° Courtier principal – le cas échéant (Prime(s) broker(s)) ; 6° Commissaire aux comptes ; 7° Commercialisateurs (le cas échéant) ; 8° Personne s'assurant que les critères relatifs à la capacité

91. Le caractère fermé d'un fonds professionnel. La souplesse contractuelle accordée à la société de libre partenariat comme forme sociale apparaît comme contrebalancée par l'encadrement juridique étroit réservé à son fonctionnement. Les textes encadrant son régime de parts ne nous contredisent pas.

SECTION II – LE RÉGIME SPÉCIFIQUE DE PARTS

92. Sa qualité de fonds professionnel spécialisé semble restreindre le potentiel juridique des parts de la société de libre partenariat (**§1**). Cette restriction s'accentue avec la surveillance étroite de ses investissements réalisés (**§2**).

§1. L'encadrement du potentiel juridique des parts

93. Les parts d'associés commanditaires de la société de libre partenariat sont strictement réservées à des investisseurs professionnels ou considérés comme tels (**A**). La commercialisation des parts se veut quant à elle également très encadrée (**B**).

A-La réservation des parts de commanditaires

94. La qualité d'investisseur professionnel requise. Les parts des associés commandités de la société de libre partenariat sont destinées à être souscrites par toute personne morale ou physique tant que les statuts le permettent[259]. Ainsi, peu importe pour les commandités qu'ils revêtent la qualité d'investisseurs professionnels ou pas. Cette spécificité est contrebalancée par une responsabilité

---

des souscripteurs ou acquéreurs ont été respectés et que ces derniers ont reçu les statuts ; 9° Délégataires ».

[259] CMF., art. L. 214-162-1, IV.

illimitée[260]. La souscription des parts de commanditaires est strictement réservée à des personnes physiques ou morales, revêtant la qualité d'investisseurs professionnels, ou aux gérants et gestionnaires de la société de libre partenariat, tout comme aux associés commandités.

Ces parts peuvent aussi être détenues par « toute société réalisant des prestations liées à la gestion investissant directement ou indirectement, ainsi que leurs dirigeants, leurs salariés, toute personne physique ou morale agissant pour leur compte »[261]. Il en va de même pour des personnes physiques ou morales réalisant un apport minimal de 100 000 euros ou encore à toute personne en réalisant un de 30 000 euros mais qui apporte aide et assistance à la gestion de la société de libre partenariat[262].

Cette notion d'investisseur professionnel doit faire l'objet de précisions. En effet, le législateur déclare qu'un investisseur professionnel « est un client qui possède l'expérience, les connaissances et la compétence nécessaires pour prendre ses propres décisions d'investissement et évaluer correctement les risques encourus »[263]. Un décret fixe les critères selon lesquels les clients sont considérés comme professionnels[264]. Les clients remplissant ces critères peuvent demander à être traités comme des clients non professionnels »[265].

Lorsque les parts sont commercialisées à l'étranger (hors Union européenne), la notion locale d'investisseur professionnel doit être analysée afin de respecter les règles de souscription précitées. Le règlement général de l'Autorité

---

[260] V. *Supra.*, n° 102.
[261] CMF., art. L. 214-162-1, VI.
[262] RGAMF., art. 423-27-1.
[263] CMF., art. L. 533-16, al. 2.
[264] CMF., art. D. 533-11.
[265] CMF., art. L. 533-16, al. 3 et 4.

des marchés financiers précise que l'acquisition et la souscription des parts de commanditaires de la société de libre partenariat sont également ouvertes à tout investissement intermédié. Celui-ci peut être réalisé *via* un prestataire de services d'investissement agissant en nom et pour compte de son client dans le cadre d'une activité d'investissement (gestion collective de portefeuille)[266]. Il relève de la mission du dépositaire des fonds de vérifier si les porteurs de parts remplissent les conditions prescrites[267].

Lorsqu'un fonds qualifié par le législateur « d'autre fonds alternatif » est constitué sous la forme d'une société commerciale traditionnelle, il n'échappe pas pour autant à des règles de souscription et d'acquisition contraignantes, mais cela lui confère tout de même une plus grande liberté. Afin qu'un fonds alternatif par objet puisse être dispensé de recourir à un dépositaire ainsi qu'à un gestionnaire agréé, il doit compter uniquement des investisseurs professionnels au sein de ses porteurs de parts[268]. Il s'agit là d'un aspect similaire à celle de la société de libre partenariat.

En revanche, une société holding au sens du paragraphe 7 de l'article L. 532-9, V du code monétaire et financier échappe à la qualification « d'autre fonds alternatif »[269]. Cela la place hors champ des règles de régulation financière et notamment des exigences d'investisseurs professionnels. Le droit des sociétés s'applique alors pleinement.

---

266 RGAMF., art. 423-27-1, 2°.

267 CMF., art. L. 214-162-1, VII.

268 CMF., art. L. 214-24, III, 3° ; précisons que le le fait d'obtenir un agrément pour une société de gestion de portefeuille nécessite de sérieuses obligations qui se transforment très vite en contraintes. Comme nous le verrons dans nos prochains développements, une SGP doit disposer d'un capital social minimum de 125 000 euros et son équipe de gestion présente bon nombre d'incompatibilités professionnelles.

269 CMF., art. L. 532-9-V, 7°.

B-La commercialisation étroite

95. La commercialisation des parts de la société de libre partenariat nécessite un accord préalable de l'Autorité des marchés financiers (**I**) ainsi que l'obtention d'un passeport pour une commercialisation hors France (**II**). De plus, l'activité de commercialisation ne peut être déléguée que dans des conditions strictes et contraignantes (**II**).

I. L'accord préalable du régulateur

96. Notification à l'Autorité des marchés financiers. À titre liminaire, précisons que nos recherches se concentrent uniquement sur une société de libre partenariat dont les parts sont commercialisées en France ou dans un État membre de l'Union européenne. Sa société de gestion est elle aussi résidente française. Un contexte plus internationalisé rajouterait trop de complexité à la compréhension des règles et ne refléterait pas la réalité actuelle de l'investissement.

La société de gestion de portefeuille agréée est soumise aux règles de commercialisation des parts édictées par l'Autorité des marchés financiers en application de la directive dite « AIFM ». Le gestionnaire de la société de libre partenariat doit transmettre, préalablement à la commercialisation en France des parts de la société de libre partenariat (avec ou sans passeport), une notification à l'Autorité des marchés financiers[270]. Une obligation de notification préalable envers l'autorité étrangère compétente pèse également sur le gestionnaire de la société de libre partenariat dont les parts sont commercialisées à des professionnels dans un État-membre de l'Union européenne autre que la France[271].

---

[270] CMF., art. L. 214-24-1, I.
[271] CMF., art. L. 214-24-2, I.

Les conditions propres à une telle commercialisation sont fixées par décret[272]. Le règlement général de l'Autorité des marchés financiers régit quant à lui strictement le contenu et les modalités de la notification[273]. Cette dernière doit alors comporter certaines informations obligatoires afin d'obtenir l'autorisation de commercialisation de la part de l'Autorité régulatrice[274]. Ces conditions viennent alourdir la mission des dirigeants de la société de libre partenariat. Elles ne s'accordent pas avec la célérité requise pour un retournement efficace.

Ces dispositions ne trouvent aucune application auprès des sociétés qualifiées « d'autres fonds alternatifs » dès lors que celles-ci ne sont pas dotées d'un gestionnaire agréé ou qu'elles ne le sont pas elles-mêmes[275].

Le traitement est identique pour toute holding répondant positivement à la définition donnée par l'article 532-9, V, 7° du code monétaire et financier.

97. Des exigences supplémentaires d'information. La notification préalable n'est pas la seule contrainte qui pèse sur l'équipe de gestion en charge du portefeuille de la société de libre partenariat[276]. L'Autorité des marchés financiers impose pour tout fonds d'investissement alternatif professionnel que son équipe de gestion « lui communique, préalablement à leur publication, distribution, remise ou

---

[272] Décret n° 2014-485 du 14 mai 2014, devenu l'actuel art. D. 214-32 du CMF.

[273] CMF., art. L. 214-24-1, I renvoyant à l'art. 421-1 du RGAMF et aux arts. 1 à 2-1 de l'instruction AMF n° 2012-06, *préc.*

[274] Un modèle de notification est disponible en annexe de l'instruction AMF n° 2014-03 du 30 juin 2014 relative à la procédure de commercialisation des parts ou actions de chaque type de FIA.

[275] CMF., art. L. 214-24, III, 3°.

[276] RGAMF., art. 421-24.

diffusion, les communications à caractère promotionnel relatives aux services d'investissement qu'ils fournissent et aux instruments financiers qu'ils proposent. Elle peut en faire modifier la présentation ou la teneur afin d'assurer que ces informations soient correctes, claires et non trompeuses »[277]. Il convient également que « toutes les communications à caractère promotionnel du fonds destinées aux investisseurs soient clairement identifiables en tant que telles. Elles sont correctes, claires et non trompeuses »[278].

Doit être inclus dans la communication l'endroit où sont disponibles les documents relatifs à l'information des potentiels investisseurs, leurs différents modes d'accès, ainsi que la langue dans laquelle ils sont rédigés[279]. Lorsque les parts de la société de libre partenariat sont admises aux négociations sur un marché réglementé ou sur un système multilatéral de négociation dans les conditions prévues par l'article D. 214-32-31 du code monétaire et financier, des règles supplémentaires d'information envers le public sont à respecter[280]. Un manquement à ces obligations fait l'objet de sanctions de la part de la commission des sanctions de l'Autorité des marchés financiers.

Si de telles règles de commercialisation sont à observer par tout fonds d'investissement professionnel, ce n'est pas le cas des « autres fonds alternatifs » répondant de la définition posée par le 3° du III de l'article L. 214-24 du code monétaire et financier. En effet, seuls les articles 421-24 à 421-26 et 421-28 et 421-29 du règlement général de l'Autorité des marchés financiers sont applicables à ces derniers, excluant les obligations de commercialisation précitées[281].

---

[277] RGAMF., art. 314-30 sur renvoi de l'art. 421-25, al. 1er RGAMF.
[278] RGAMF., art. 421-25, al. 2.
[279] RGAMF., art. 421-25, al. 4.
[280] RGAMF., art. 421-27-1, I, al. 1er.
[281] RGAMF., art. 421-1-A, II.

Les holdings n'entrant pas dans le champ d'application de la directive dite « AIFM » sont également exclues du respect de telles obligations. Cela contribue au fait que les investisseurs privilégient encore l'utilisation d'une holding au détriment de la société de libre partenariat.

II. L'exigence du passeport commercialisation

98. Une commercialisation hors de France. Les articles 31 et 33 de la directive dite « AIFM » permettent à tout gestionnaire agréé par l'Autorité des marchés financiers pour l'activité de gestion collective de fonds d'investissement alternatifs, de pouvoir bénéficier du passeport européen s'il en formule la demande[282]. Celui-ci permet au gestionnaire de se prévaloir du passeport de commercialisation ainsi que du passeport gestion sous certaines conditions au regard de la législation interne propre à chaque État membre dans lequel les parts du fonds sont commercialisées[283].

Concernant l'obtention du passeport commercialisation, précisons à titre liminaire que si le passeport peut être accordé à tout gestionnaire agréé qui en fait la demande auprès de l'Autorité des marchés financiers, sa requête doit

---

[282] Directive n° 2011/61/UE du Parlement européen et du Conseil du 8 juin 2011, *préc.,* art. 31 et 33 relatifs au « passeport gestion » et au « passeport commercialisation » ; v. en ce sens : AMF, Guide des mesures de modernisation apportées aux placements collectifs français, p. 5, 12 juill. 2013 ; N. MOLONEY, *EU securities and financial markets regulation, coll.* Oxford European Union Law Library, 3ème éd., OUP Oxford, 2016, n° III.4.8, pp. 290 et s.

[283] Concernant le passeport gestion, celui-ci permet à un gestionnaire agréé par l'Autorité régulatrice de son pays d'origine (Membre toutefois de l'accord EEE) de fournir ses services d'investissement à travers l'Union européenne sans pour autant avoir besoin de solliciter un agrément ou une autorisation dans chaque État membre dans lequel il souhaite exercer ses activités.

respecter certaines conditions de forme et de fond. En revanche, le passeport ne permet qu'une commercialisation des parts de la société de libre partenariat auprès d'investisseurs professionnels au regard de la définition qu'en donnent les textes des pays concernés.

Deux types de passeports commercialisation coexistent. Il s'agit du « passeport *in* » et du « passeport *out* » [284]. Une procédure lourde et stricte doit alors être observée afin d'obtenir ce passeport auprès de l'Autorité des marchés financiers[285]. Ainsi, lorsque les parts de la société de libre partenariat nécessitent d'être commercialisées en dehors de France, son gestionnaire doit obtenir ce passeport commercialisation. Ce dernier sera « *in* » ou « *out* » selon la situation et la nationalité du gestionnaire de la société. La commercialisation ne peut commencer qu'à compter de la réception de la réponse positive de l'Autorité des marchés financiers par le gestionnaire[286].

Ces conditions de commercialisation ne s'accordent pas avec la souplesse juridique que nécessite le refinancement

---

[284] L'AMF définit le passeport commercialisation AIFM comme permettant « à une société de gestion, ayant obtenu un agrément par l'autorité de son pays d'origine, d'exercer ses activités dans toute l'Union européenne ou dans un État partie à l'accord sur l'Espace économie européen (EEE). Lorsqu'une société de gestion d'un autre État membre souhaite fournir ses services en France, on parle de « passeport *in* » ; lorsqu'une société de gestion française souhaite fournir ses services dans l'Union européenne ou dans un autre État partie à l'accord sur l'EEE, on parle de « passeport *out* » ». Source : http://www.amf-france.org/Acteurs-et-produits/Societes-de-gestion/Passeport?

[285] Pour un état détaillé de conditions et modalités d'obtention du passeport commercialisation auprès de l'AMF, v. précisément : Instr. AMF n° DOC-2014-03 relative à la procédure de commercialisation de parts ou actions de FIA du 30 juin 2014, modifiée le 8 janvier 2015 et le 26 juin 2015.

[286] Précisons que l'AMF ne rendra une décision négative uniquement dans le cas où la SGP ne satisfait pas ou plus aux conditions exigées par son agrément pour son activité principale de gestion collective.

d'entreprises en difficulté. L'obtention du passeport réclame du temps pour la demande d'agrément comme pour sa délivrance. Or, l'activité de retournement nécessite d'agir très rapidement. Les conditions devant être respectées vont aussi à l'encontre de la souplesse juridique que réclame cette activité. Pour preuve, seuls 3 % des fonds d'investissement alternatifs français bénéficient du passeport commercialisation et sont donc commercialisés dans d'autres États membres de l'Union[287].

Pour mener des opérations de commercialisation hors de France, le gestionnaire non agréé doit obtenir l'agrément pour l'activité de gestion collective de fonds d'investissement alternatif et par la suite le passeport commercialisation précité. Cependant, il peut opter pour le « passeport commercialisation non AIFM ». Celui-ci permet aux gestionnaires de fonds d'investissement alternatifs par objet (répondant aux conditions de l'article L. 214-24, III, 3° du code monétaire et financier) de pouvoir commercialiser hors de France les parts de ceux-ci sans pour autant obtenir un agrément auprès de l'Autorité des marchés financiers.

Cela est possible en faisant revêtir au fonds le label de fonds européen de capital risque, dit « EuVECA »[288] issu du règlement européen n° 345/2013 daté du 17 avril 2013 entré en vigueur le 22 juillet suivant[289]. Ce label est octroyé par l'Autorité des marchés financiers à tout type de fonds d'investissement alternatif (par nature comme par objet) respectant les conditions précitées et dont le gestionnaire en

[287] Chiffre fourni par la sous-direction du Trésor Français à l'occasion d'un séminaire restreint se déroulant à Paris dans les locaux du Bureau de liaison en France du Parlement européen, le 08 février 2019. Séminaire auquel nous avons participé.

[288] EuVECA pour *European Venture Capital funds* soit fonds de capital-risque éligible.

[289] Règlement (UE) n° 345/2013 du Parlement européen et du Conseil du 17 avril 2013 relatif aux fonds de capital-risque européens.

fait la demande. Le fonds prétendant au label doit respecter les conditions d'activité à risque posées par le règlement précité en plus des conditions de porteurs de parts professionnels ou avertis[290].

En revanche, les holdings peuvent en toute liberté compter parmi leurs membres des personnes morales ou physiques disposant d'une résidence fiscale et/ou administrative étrangère. Cela, sans pour autant que ceux-ci revêtent la qualité d'investisseurs professionnels comme nous l'avons dit précédemment.

III. Les conditions de délégation

99. Le recours éventuel à un placeur agréé. Lorsqu'une société de libre partenariat ne dispose pas des moyens nécessaires à la commercialisation des parts, celle-ci, par l'intermédiaire de son gestionnaire, peut avoir recours aux services d'un placeur professionnel. Il doit en être fait mention dans les statuts de la société. Le placeur doit être agréé comme tel auprès de l'Autorité de contrôle prudentiel en tant que prestataire de services en investissement[291]. Il peut être une personne physique comme morale. Des conditions strictes sont à respecter[292]. Dans pareille situation, le contrat s'analysera juridiquement comme un mandat devant être conclu entre le gestionnaire de la société de libre partenariat

---

[290] Le FIA prétendant au label « EuVECA » doit disposer de porteurs de parts professionnels au sens de la directive AIFM ; ou de porteurs de parts avertis qui s'engagent à investir un minimum de 100 000 euros dans le fonds et qui déclare par un écrit qu'ils sont pleinement conscient des risques encourus par la souscription de parts d'un tel FIA ; ou encore de porteurs de parts qui occupent le poste de cadre, directeur ou employé participant à la gestion de la SGP en charge de la gestion du fonds EuVECA et dans lequel cette SGP investie en tant que porteuse de part.

[291] Fl. MOULIN, D. SCHMIDT, *op. cit.*, n° 262, p. 279.

[292] CMF., art. D. 341-2.

(mandant) et le placeur (mandataire). Un démarcheur délégué pourra être partie au contrat s'il est mandaté par le placeur pour agir en son nom et pour son compte. Il s'agit d'un mandat de deux ans, renouvelable à souhait et nominatif, décrivant précisément l'objet du mandat[293].

La possibilité de déléguer la commercialisation des parts de fonds d'investissement alternatifs par objet à un placeur est également possible. Mais une telle situation ne peut qu'être motivée par le fait que le gestionnaire du fonds n'en a pas les moyens matériels ou tout simplement pas la compétence. Notons toutefois qu'à la différence du gestionnaire agréé de la société de libre partenariat, celui non agréé d'un « autre fonds alternatif » répondant positivement aux conditions posées par l'article R. 532-12-1 du code monétaire et financier n'est en rien obligé de recourir à un placeur agréé. Ce dernier peut très bien être une personne morale comme physique n'ayant pas le statut de prestataire en services d'investissement mais de simple apporteur d'affaires mandaté.

La holding non qualifiée juridiquement de fonds alternatif par objet peut agir de manière identique, même si cela s'avère assez rare puisque gérer les titres de participations relève de l'objet même de ce type de société.

100. Un effet à plusieurs facettes. Comme nous venons de l'analyser, le régime juridique d'acquisition et de commercialisation des parts de la société de libre partenariat est étroit. La surveillance financière imposée à ses investissements va dans le même sens.

---

[293] CMF., art. L. 341-4, II.

§2. La surveillance des investissements

101. En tant que fonds professionnel spécialisé, des obligations d'information spécifiques incombent au gestionnaire de la société de libre partenariat (**A**). Des règles propres à la gestion de ses participations contrôlées sont également à observer (**B**).

A-La notification pour franchissement de seuils

102. Une obligation pour la prise de participation ou de contrôle. Comme pour tout type de fonds professionnel spécialisé, la société de libre partenariat est soumise aux règles de franchissement des seuils instaurées par le code monétaire et financier[294]. Une règle *de minimis* est en vigueur. Celle-ci oblige le gestionnaire de la société à notifier certaines de ses prises de participation ou de contrôle envers l'Autorité des marchés financiers[295]. Il en va de même à l'égard des associés (si minoritaires soient-ils) de la société cible[296]. Le législateur déclare que la notification ne s'applique pas lorsque l'entité faisant l'objet d'une prise de participation (ou d'une prise de contrôle) est une petite ou moyenne entreprise[297] ou une entité à vocation particulière créée en vue de l'acquisition, de la détention ou de la gestion d'actifs immobiliers[298]. De telles règles s'appliquent pour toute prise de contrôle de la société cible, cela de manière unilatérale ou conjointe avec une autre société ou

---

[294] CMF., art. L. 214-24, II, al. 2 et III.
[295] CMF., art. D. 214-32-7-1.
[296] CMF., art. D. 214-32-7-1.
[297] Au sens du règlement (CE) n° 800/2008 de la Commission en date du 6 août 2008.
[298] CMF., art. L. 214-24-21, II.

fonds[299]. Il en va de même lorsque le fonds acquiert des participations au sein de sociétés cibles sans pour autant en prendre le contrôle[300]. La notification doit intervenir dès lors que la société de libre partenariat détient des droits de vote au sein de la société cible qui atteignent ou franchissent, à la hausse ou à la baisse, les seuils de 10 %, 20 %, 30 %, 50 % et 75 %[301]. En outre, des règles strictes quant aux modalités et au contenu de la notification ainsi qu'en termes de calcul des droits de vote sont posées par l'article 8 du décret n° 2013-687 du 25 juillet 2013[302].

Par ailleurs, toute société entrant dans la définition d'un « autre fonds d'investissement alternatif » posée par l'article L. 214-24, III, 3° du code monétaire et financier n'est pas soumise à l'application des articles L. 214-24-21 à L. 214-24-23 du même code. Pour cela, la valeur de ses actifs doit rester en dessous des seuils et respecter les conditions de l'article R. 532-12-1 du code précité[303]. Ainsi, lorsque les seuils ne sont pas atteints, les articles D. 214-32-6 à D. 214-32-8 s'en trouvent eux aussi écartés[304].

Les holdings répondant à la définition de l'article L. 532-9, V du code monétaire et financier sont elles aussi exclues d'un tel dispositif puisque n'étant pas soumises à la directive dite « AIFM ». Seule la détention directe ou indirecte par une holding ou un fonds d'investissement alternatif par objet de plus du vingtième des parts ou droits de vote de sociétés françaises cotées en bourse ou admises sur un marché réglementé dans l'Espace économique européen donne lieu à notification auprès de la société cible, de ses associés

---

[299] CMF., art. L. 214-24-21, I.
[300] CMF., art. L. 214-24-22, al. 2.
[301] CMF., art. L. 214-24-22, al. 1er.
[302] CMF., art. D. 214-32-6 et s.
[303] CMF., art. L. 214-24, III, 3°.
[304] CMF., art. L. 214-24, III, 3°.

et de l'Autorité des marchés financiers[305]. Lorsque la société cible n'est pas cotée, la prise de participation doit simplement être inscrite sur le rapport annuel présenté aux associés ainsi que dans le rapport des commissaires aux comptes[306]. Cela est sans commune mesure avec les strictes obligations propres à la société de libre partenariat.

B-Le respect des règles d'asset stripping

103. Protection des sociétés cibles. Les articles D. 214-32-7 et suivants du code monétaire et financier instaurent une série de restrictions en termes de gestion des participations contrôlées détenues par tout fonds professionnel spécialisé dont la société de libre partenariat[307]. Ces règles dites d'*asset striping* se destinent à éviter le pillage des actifs détenus par les sociétés cibles. D'ailleurs, le terme anglais *asset stripping* se définit en français comme étant le « dégraissage d'actifs »[308]. Ce dispositif concerne toute prise de participation et/ou de contrôle de la société de libre partenariat dans la cible ainsi que la période de vingt-quatre mois qui s'en suit ; à condition, toutefois, que la participation et/ou le contrôle demeure durant cette période[309].

La notion de contrôle s'analyse comme étant la détention de plus de 50 % des droits de vote au sein de la société cible, portant ainsi dérogation à l'article L. 233-3 du code de commerce[310].

Les sociétés cibles faisant l'objet de la prise de participation et/ou de contrôle s'entendent comme toute forme sociale

---

305 C. com., art. L. 233-7 et s.
306 C. com., art. L. 233-6.
307 CMF., art. D. 214-32-7 et s. et D. 214-32-7-13 et s.
308 A. SOPPE, *New Financial Ethics : A Normative Approach*, Routledge, 2016, Jordan publishing, pp. 69 et s.
309 CMF., art. D. 214-32-7-13.
310 CMF., art. L. 214-24-23, 1°.

ou émetteur[311] disposant d'un siège statutaire situé dans un État membre de l'Union européenne, et dont les titres ne sont pas admis aux négociations sur un marché réglementé ou organisé d'un État membre de l'Union européenne[312]. Seules les cibles qui sont des petites et moyennes entreprises au sens du droit européen ne sont pas touchées par de telles règles dites d'*asset stripping*[313]. Le contrôle du respect des règles susvisées auprès des sociétés cibles et émetteurs se fait au regard du droit en vigueur au sein de l'État membre dans lequel la société en question est établie statutairement[314].

Ainsi, le dirigeant de la société cible n'est pas autorisé à pouvoir soutenir ou ordonner une série d'actions destinées à favoriser sa propre société au détriment de la cible, principalement celles donnant lieu à distribution[315]. Précisons que dans le terme « distribution », celui-ci comprend « notam-

---

[311] Directive 2004/109/CE du Parlement européen et du Conseil du 15 décembre 2004 sur l'harmonisation des obligations de transparence concernant l'information sur les émetteurs dont les valeurs mobilières sont admises à la négociation sur un marché réglementé et modifiant la directive 2001/34/CE, art. 2, d) selon lequel le terme « émetteur » s'entend comme « une entité juridique régie par le droit privé ou public, y compris un État, dont les valeurs mobilières sont admises à la négociation sur un marché réglementé, l'émetteur étant, dans le cas de certificats représentatifs de valeurs mobilières, l'émetteur des valeurs mobilières représentées ».

[312] CMF., art. L. 214-24-23, 2°.

[313] V. en ce sens la définition de telles entreprises, laquelle est posée par le règlement (CE) n° 800/2008 de la Commission du 6 août 2008 déclarant certaines catégories d'aides compatibles avec le marché commun en application des articles 87 et 88 du traité (Règlement général d'exemption par catégorie). Pour un résumé détaillé des règles dites d'*asset stripping*, v. notamment l'article suivant : F. BUCHER, « Quel impact des règles d'*Asset Stripping* sur le *Private Equity* français ? », STC Partners, Flash, 28 mars 2014.

[314] *Ibid.*

[315] CMF., art. D. 214-32-7-13.

ment le paiement de dividendes et d'intérêts relatifs aux actions »[316]. Toutefois, les réductions de capital motivées par des pertes financières de la cible sont autorisées à la société de libre partenariat[317]. Il en va de même pour les décisions de réduction de capital dont le montant distribuable est mis en réserve tant que la valeur de celle-ci reste inférieure à 10 % du capital social après réduction[318].

De telles restrictions ne sont pas imposées à un fonds d'investissement alternatif par objet répondant positivement aux conditions posées par l'article L. 214-24, III, 3° du code monétaire et financier[319].

Il en va de même concernant une holding exclue du champ d'application de la directive européenne dite « AIFM ».

En effet, ces deux types d'entités que sont la holding et le fonds alternatif par objet relèvent uniquement du droit des sociétés. Elles ne sont pas soumises à de telles dispositions contrairement à la société de libre partenariat.

104. Une organisation imposée. Comme nous venons de l'analyser, en tant que fonds professionnel spécialisé, la société de libre partenariat est soumise à de nombreuses obligations. Il en va autrement des autres sociétés de droit interne lorsqu'elles sont utilisées comme holdings ou encore comme fonds alternatifs par objet. Cet aspect va s'accentuer en matière d'organisation collective de la gestion de tels fonds.

---

316 CMF., art. D. 214-32-15, 1°.
317 CMF., art. D. 214-32-15, 1°.
318 CMF., art. D. 214-32-15, 1°.
319 En effet, l'art. L. 214-24, III, 3° exclu l'application des paragraphes 1,3,4 et 5 de la sous-section 1 de la section 2 propre aux FIA du Chapitre IV relatif aux placements collectifs du Titre 1er du Livre II du code monétaire et financier. Les règles dites d'*asset striping* relevant du paragraphe 5, elles s'en trouvent donc écartées pour un « autre FIA » répondant aux conditions susvisées. Idem pour une holding n'entrant pas dans le champ d'application de la directive dite AIFM.

Chapitre II

La gestion collective

105. Plan du second chapitre. La société de libre partenariat est un fonds d'investissement alternatif par nature. Aussi, la gestion de son portefeuille est strictement encadrée. Le gestionnaire qui en a la charge répond du droit de la gestion collective.

Un placement collectif consiste pour des investisseurs à mettre en commun des sommes, lesquelles sont alors gérées pour leur compte par un gestionnaire de portefeuille. Celui-ci utilise ces sommes pour acquérir divers instruments financiers définis préalablement avec les investisseurs via un programme d'investissement. Des parts ou des actions sont alors émises par le véhicule d'investissement en contrepartie des sommes versées dans le placement collectif. Elles représentent une quote-part de l'avoir du placement collectif. La société de libre partenariat est un véhicule d'investissement dédié au placement collectif.

Comme tout fonds professionnel spécialisé, elle doit obligatoirement disposer d'un gestionnaire agréé pour l'activité de gestion collective de fonds alternatif[320] (**Section I**).

---

[320] V. en ce sens : J. DAUMET, « Investisseurs en *Private Equity* » *in* M. BOIZARD et Ph. RAIMBOURG (dir.), *Ingénierie financière, fiscale et juridique*, *op.cit.*, n° 512.32, pp. 1513-1514.

L'exigence de se doter d'organes destinés à établir un contrôle strict de ses propres fonds doit également être scrupuleusement respectée (**Section II**).

SECTION I - L'EXIGENCE D'UN GESTIONNAIRE AGRÉÉ

106. La société de libre partenariat doit recourir à un gestionnaire agréé et lui impose de composer avec le statut de prestataire de services d'investissement de celui-ci (**§1**). Un statut qui, de plus, est très sévèrement sanctionné ; ce qui oblige à la prudence (**§2**).

§1. L'encadrement du statut

107. Le législateur et le régulateur imposent diverses obligations au gestionnaire de la société de libre partenariat. Elles se matérialisent dans les conditions d'agrément (**A**) ainsi que dans les effets liés à l'obtention de celui-ci (**B**).

A-Les conditions d'agrément

108. Des conditions de diverses natures. Les conditions d'agrément du gestionnaire de la société de libre partenariat pour l'activité de gestion collective de fonds alternatif doivent être respectées par son gestionnaire[321]. Les conditions

---

[321] CMF., art. L. 214-162-2, al. 1er ; v. en ce sens : J. DAUMET, « Investisseurs en *Private Equity* » *in* M. BOIZARD et Ph. RAIMBOURG (dir.), *op. cit.,* n° 512.32, pp. 1513-1514 ; P. LE ROUX, et al., « La société de libre partenariat dans les financements d'acquisition », Lexplicite, 7 janv. 2016. Précisons que concernant les sociétés de gestion collective en charge du portefeuille de FIA comme la SLP, ces sociétés sont régies par le Titre 1*bis* du Livre III du règlement général de l'AMF contrairement aux sociétés de gestion collective d'OPCVM, qui elles répondent du Titre 1er du Livre III du règlement précité. Une instruction de l'AMF détaille les conditions et l'élaboration du dossier d'agrément : Instr. AMF n° DOC-2008-03 ; laquelle complète et détaille les

d'obtention de l'agrément se rapprochent de celles demandées aux prestataires d'investissement autres que les sociétés de gestion de portefeuille[322]. L'agrément permet au gestionnaire de mener des activités connexes à celle principale de gestion collective. Cet agrément le dispense d'en obtenir d'autres pour ses activités accessoires tant que celles-ci restent strictement nécessaires à la bonne réalisation de la principale[323]. Il s'agit d'une bien maigre consolation au regard des exigences juridiques en vigueur.

Afin d'obtenir celui-ci de la part de l'Autorité des marchés financiers, le gestionnaire devra avoir son siège social en France[324]. Il devra aussi disposer d'un capital social minimum de 125 000 euros auquel s'ajoutent de complexes modalités de calcul[325]. Un encadrement étroit de son actionnariat lui sera également imposé[326].

Le gestionnaire de la société de libre partenariat doit également être doté d'une direction spécifique adoptant la règle dite « des quatre yeux »[327]. Celle-ci consiste à prévoir une codirection de deux personnes physiques afin d'éviter au maximum les erreurs d'appréciation ou toute vacance éventuelle de la direction.

---

exigences posées par le règlement général de l'AMF et le code monétaire et financier.

[322] Pour les détails de ces conditions touchant aux autres prestataires de services en investissement (PSI), v. notamment : R. VABRES, « Chapitre II. Les sociétés de gestion collective de portefeuille », *in* Th. BONNEAU et al., *Droit financier*, Domat droit privé, Montchrestien, 1ère éd., 2018, n° 256 et s., pp. 167 et s.

[323] RGAMF., art. 317-7, al. 3 et 4 et CMF., art. L. 321-2 lequel dresse une liste exhaustive des services et activités pouvant être qualifiés de connexes à l'activité principale de gestion collective de fonds.

[324] RGAMF., art. 317-1 et CMF., art. L. 532-9, II, 1.

[325] RGAMF., art. 317-2 et CMF., art. L. 532-9, II, 2.

[326] RGAMF., art. 317-4 et CMF., art. L. 532-9, II, 3.

[327] RGAMF., art. 317-5 et CMF., art. L. 532-9, II, 4.

Un programme d'activité doit également être élaboré pour chaque activité exercée en respectant les conditions exigées par l'Autorité des marchés financiers[328]. S'avère également incontournable l'adhésion à une association professionnelle[329] ainsi qu'à un mécanisme de garantie en faveur des porteurs de parts de la société de libre partenariat[330].

En outre, des conditions complémentaires peuvent être réclamées par l'Autorité des marchés financiers comme des engagements spécifiques des membres associés de la société de gestion[331].

Rappelons que l'obtention de l'agrément est nécessaire afin de pouvoir bénéficier du passeport gestion. Celui-ci permet à la société de gestion agréée de pouvoir gérer des fonds à l'échelle européenne[332]. Cette obligation est conforme au principe de liberté d'établissement et de libre prestation de services dans l'Union européenne.

En revanche, le gestionnaire d'un fonds d'investissement alternatif par objet répondant de la définition donnée par l'article L. 214-24, III, 3° du code monétaire et financier n'est pas soumis à un agrément de l'Autorité des marchés financiers pour exercer une activité de gestion collective de ce type de fonds. Il n'est donc pas tenu de

---

[328] RGAMF., art. 317-7 et CMF., art. L. 532-9, II, 5 (pour chaque activité connexe également) ; v. en ce sens : AMF, « Guide des sociétés de gestion de portefeuille », 6 févr. 2017, n° 1, p. 5. Pour le détail du contenu de chaque programme d'activité, v. les articles 6 et 7 de l'instruction AMF n° DOC-2008-03, l'instr. AMF n° DOC-2014-01 ainsi que la pos.-recom. AMF n° DOC-2012-19.

[329] CMF., art. L. 532-8.

[330] CMF., art. L. 322-6.

[331] CMF., art. L. 532-9, II, 6.

[332] V. en ce sens : Instr. AMF n° DOC-2008-03, *préc.,* art. 19 et s., et annexe 7.

respecter les conditions contraignantes décrites précédemment.

Il en va de même pour le dirigeant d'une holding exclue du champ d'application de la directive dite « AIFM » au regard de l'article L. 532-9, V, 7° du code précité.

Le gestionnaire d'un fonds d'investissement alternatif par objet intra-groupe au sens de l'article L. 532-9, III du code monétaire et financier n'est pas non plus tenu par de telles règles.

Par conséquent, en réservant exclusivement la société de libre partenariat à la constitution d'un fonds professionnel spécialisé, le législateur soumet cette dernière à de lourdes contraintes. Ces obligations restreignent son potentiel juridique par rapport à une holding ou un « autre fonds alternatif » répondant aux conditions de l'article R. 532-12-1 du code précité. Précisons que ces entités ne sont pas non plus tenues d'avoir un passeport gestion afin d'exporter leurs services dans un autre État membre de l'Union européenne. Elles en sont également dispensées dans le cadre de leurs activités connexes à celle de gestion collective de fonds alternatif.

B-Les effets de l'agrément

109. L'agrément obtenu inflige des effets juridiques notables à l'égard du gestionnaire de la société de libre partenariat. Ceux-ci sont de nature tant organisationnelle (**I**) qu'informationnelle (**II**) ou encore comportementale (**III**).

I. Les effets organisationnels

110. Des effets particulièrement lourds[333]**.** À la différence des holdings et « autres fonds alternatifs », le gestionnaire de la société de libre partenariat doit respecter de lourdes contraintes touchant à son organisation interne.

Selon nous, de telles obligations juridiques poussent actuellement les investisseurs en capital à abandonner les fonds d'investissement alternatifs par nature pour se tourner vers la holding ou le fonds d'investissement alternatif par objet ; régimes que ne peut revêtir la société de libre partenariat.

Le gestionnaire de la société de libre partenariat doit, après avoir obtenu son agrément auprès de l'Autorité des marchés financiers, mettre en place un dispositif de conformité en nommant un responsable de la conformité et du contrôle interne[334].

Seul du personnel parfaitement qualifié et ayant satisfait à l'examen de certification de l'Autorité des marchés financiers peut être employé par le gestionnaire agréé[335].

Les moyens techniques utilisés par l'équipe de gestion doivent être adaptés et appropriés afin de mener à bien la gestion du portefeuille de la société de libre partenariat[336].

---

[333] V. en ce sens : R. VABRES, « Chapitre II. Les sociétés de gestion collective de portefeuille », *in* Th. BONNEAU et al., *Droit financier*, *op. cit.*, n° 358, p. 226 citant : M. STORCK, « Sociétés de gestion de portefeuille. – Statut. Gestion collective (OPCVM-FIA). Gestion individuelle de portefeuille », JurisClasseur Banque – Crédit – Bourse, Fasc. n° 2210.

[334] RGAMF., art. 313-1 à 313-4 et art. 313-63 à 313-71.

[335] RGAMF., art. 313-54, I et art. 313-7-1 à 313-7-3 et art. 313-29 et s.

[336] RGAMF., art. 318-1, al. 1er et art. 313-54, I RGAMF ; v. en ce sens : Fl. MOULIN, D. SCHMIDT, *op. cit.*, n° 541, p. 441 ; A. LANDIER-JUGLAR, F. BOMPAIRE, *op. cit.*, n° 1.3.1, p. 31.

Le traitement des réclamations des clients non professionnels doit faire l'objet de procédures spécifiques[337], tout comme les transactions personnelles des membres de l'équipe de gestion[338].

La prévention et la gestion des conflits d'intérêts doivent être mises en œuvre[339].

Il en va de même concernant l'enregistrement et la conservation des données relatives aux services d'investissement, aux transactions[340] ainsi qu'à la gestion des risques[341]. Des obligations similaires s'appliquent aussi lorsque le gestionnaire procède à l'externalisation « de tâches ou fonctions opérationnelles essentielles ou importantes pour la fourniture d'un service ou l'exercice d'activités »[342].

II. Les effets informationnels

111. Le gestionnaire agréé de la société de libre partenariat est tenu de lourdes contraintes concernant l'information des associés (**1**) et du régulateur (**2**).

1. Les effets informationnels envers les associés

112. La sécurité des associés. Le gestionnaire de la société de libre partenariat est tenu de se conformer « aux

---

337 RGAMF., art. 313-18.
338 RGAMF., art. 313-9 à 313-12.
339 RGAMF., art. 313-18 à 313-28.
340 RGAMF., art. 313-48 à 313-53.
341 RGAMF., art. 313-60.
342 RGAMF., art. 313-72 à 313-76.

obligations d'information des investisseurs prévues à l'article L. 214-24-19 du code monétaire et financier et aux articles 421-33 à 421-35 (RGAMF) »[343].

L'obligation de *reporting* complet se matérialise tout d'abord par l'établissement et la transmission du rapport annuel[344]. Ce rapport doit également être tenu à disposition de l'Autorité des marchés financiers et le cas échéant, de l'État d'origine du fonds dès lors qu'il en formule la demande[345].

Un rapport couvrant les six premiers mois de l'exercice est également imposé par le législateur à la société de libre partenariat ou à sa société de gestion[346].

Le contenu propre à ces deux rapports est strictement défini par l'instruction de l'Autorité des marchés financiers n° DOC-2012-06[347].

Le gestionnaire est responsable de la bonne évaluation des actifs de la société[348]. L'évaluation précise de sociétés défaillantes en cours de restructuration reste très complexe et peut dès lors être un risque élevé du gestionnaire.

Doivent aussi faire l'objet de l'obligation de *reporting* complet les comptes annuels de la société de libre partenariat et de chacun de ses compartiments[349].

Les sociétés de gestion non agréées en charge « d'autres fonds alternatifs » au sens de l'article L. 214-24, III, 3° du

---

[343] Règlement délégué (UE) n° 231/2013 de la Commission du 19 décembre 2012, art. 4 et 5 ; v. également en ce sens : ESMA, « Guidelines on reporting obligations under art. 3 (3) (d) and 24 (1), (2) and (4) of the AIFMD », n° 2014/869.

[344] CMF., art. L. 214-24-19, al. 1er sur renvoi de l'art. 311-1 A, V, al. 1er RGAMF.

[345] CMF., art. L. 214-24-19, al. 1er sur renvoi de l'art. 311-1 A, V, al. 1er RGAMF.

[346] CMF., art. L. 214-162-10, al. 5 et 6.

[347] Instr. AMF n° DOC-2012-06, *préc.*

[348] CMF., art. L. 214-24-14, al. 1er.

[349] RGAMF., art. 311-1 A, V, al. 2.

code monétaire et financier sont dispensées des règles de *reporting* envers les associés du fonds dont elles gèrent les actifs[350]. Seules doivent être respectées les obligations d'information envers les associés/actionnaires imposées par le droit des sociétés en fonction de la forme sociale que revêt le fonds. La valeur liquidative du fonds doit être rendue disponible et communiquée à tout porteur de parts ou toute personne en faisant la demande[351]. Elle doit reprendre le mode de calcul exigé[352].

En revanche, les holdings répondant de l'article L. 539-9, V, al. 7 du code monétaire et financier[353] ainsi que les fonds d'investissement alternatifs par objet intragroupes sont exemptés de toutes ces règles. Cela explique là encore que ces structures soient privilégiées pour mener une activité d'investissement au détriment de la société de libre partenariat.

2. Les effets informationnels envers le régulateur

113. Une surveillance financière rigidifiant un peu plus le fonctionnement. En matière de *reporting* complet, le gestionnaire de la société de libre partenariat doit transmettre au régulateur les informations sur les principaux instruments négociés des marchés sur lesquels il opère[354]. Il doit en être de même quant à ses principales expositions et ses éventuelles concentrations (les plus importantes)[355].

---

350 RGAMF., art. 311-1 B, al. 3.
351 RGAMF., art. 421-29.
352 RGAMF., art. 421-28.
353 Ainsi que les sociétés de gestion intragroupe.
354 CMF., art. L. 214-24-20, I, al. 2.
355 CMF., art. L. 214-24-20, I, al. 2.

Le gestionnaire transmet également et périodiquement à l'Autorité des marchés financiers d'autres types d'informations. En premier lieu, ce doit être le cas du pourcentage d'actifs de la société de libre partenariat faisant l'objet d'un traitement spécial à cause de leur nature non liquide ainsi que pour toute nouvelle disposition prise pour gérer la liquidité de l'actif.

En deuxième lieu, doivent également être transmis le profil de risque actuel de la société de libre partenariat et les systèmes de gestion des risques de marché, de liquidité, de contrepartie et autres, y compris le risque opérationnel.

En troisième lieu, les informations concernant les principales catégories d'actifs dans lesquelles la société a investi doivent également être transmises au régulateur.

Les résultats des simulations de crise effectuées conformément au 2° de l'article 318-41 et au second alinéa de l'article 318-44 du règlement général de l'Autorité des marchés financiers doivent eux aussi être transmis[356].

La valeur liquidative ainsi que les statuts de la société de libre partenariat doivent être transmis au régulateur dans le respect des règles applicables[357].

Lorsque la société de libre partenariat recourt à l'effet de levier, des informations supplémentaires sont à transmettre[358]. Mais dans tous les cas, des seuils de valeur d'actifs régulent la fréquence du *reporting*[359].

---

[356] RGAMF., art. 421-36, I, sur renvoi de l'art. 311-1 A, III.

[357] Instr. AMF n° DOC-2008-03, *préc.,* art. 17.

[358] CMF., art. L. 214-24-20, VI définit l'effet de levier comme étant « toute méthode par laquelle l'exposition du FIA est accrue, que ce soit par l'emprunt de liquidités ou d'instruments financiers, par des positions dérivées ou par tout autre moyen ».

[359] Règlement délégué (UE) n° 231/2013, *préc.,* art. 10, § 3, d).

L'Autorité des marchés financiers peut réclamer au gestionnaire des informations additionnelles lorsqu'elle le juge nécessaire [360].

Un *reporting* tout aussi complet des informations propres à l'activité du gestionnaire externe est exigé par les textes[361].

Le gestionnaire d'un fonds d'investissement alternatif par objet répondant de la définition posée par l'article L. 214-24, III, 3° du code monétaire et financier est tenu envers le régulateur au même *reporting* que celui exposé cidessus[362].

En revanche, un « autre fonds alternatif » intragroupe est totalement dispensé des obligations de *reporting* envers l'Autorité des marchés financiers, tout comme une holding relevant de l'exemption posée par l'article L. 539-9, V, al. 7 du code monétaire et financier.

Dès lors, si cette surveillance est appropriée pour un fonds dont les actifs s'évaluent en plusieurs centaines de millions d'euros, on peut s'interroger quant à son utilité pour une société disposant d'actifs d'une dizaine de millions d'euros ou moins encore. Certains acteurs du capital-retournement préfèrent, par exemple, ainsi agir *via* une holding du fait de la lourdeur de l'encadrement réglementaire imposé à la société de libre partenariat en tant que fonds professionnel spécialisé[363].

---

[360] CMF., art. L. 214-24-20, V sur renvoi de l'art. 311-1 A, III.

[361] Instr. AMF n° DOC-2008-03, *préc.,* art. 16 et art. 318-2 RGAMF.

[362] RGAMF., art. 311-1 B, al. 3 et 4.

[363] V. en ce sens l'interview de W. BUTLER *in* Option Finance, « Restucturing : une période d'accalmie entre deux tempêtes », n° 1356, 7 mars 2016, suppl. n° 297, 2 mars 2016, p. 8, lequel parle de « pressions malsaines sur l'investissement » à propos des différentes obligations légales et réglementaires qui pèsent sur un fonds d'investissement alternatif menant une activité de retournement.

III. Les effets comportementaux

114. Obligations d'un prestataire de services en investissement. Le gestionnaire de la société de libre partenariat est tenu d'agir dans son activité de manière honnête, loyale et professionnelle afin que priment l'intérêt des porteurs de parts et l'intégrité des marchés[364]. Il s'agit là d'un avantage sécurisant l'investissement et non d'une contrainte.

Les informations à caractère promotionnel transmises à des investisseurs potentiels doivent présenter un contenu exact, clair et non trompeur[365].

Le gestionnaire de la société de libre partenariat doit aussi s'astreindre à une obligation de meilleure exécution d'ordres devant faire l'objet d'une information préalable des porteurs de parts de la société de libre partenariat[366].

Une obligation spécifique à l'activité de gestion collective d'un fonds d'investissement alternatif par nature demeure : le gestionnaire n'est pas autorisé à recevoir des porteurs de parts de la société de libre partenariat des dépôts de fonds, des titres ou encore de l'or[367].

Le gestionnaire doit exercer les droits attachés aux titres détenus par la société de libre partenariat dans l'intérêt exclusif des associés de celle-ci[368]. À défaut, la justice admettra la violation de l'intérêt exclusif des porteurs[369].

---

[364] RGAMF., art. 319-3, 1° et 2° et L. 533-1 CMF.

[365] RGAMF., art. 319-7 et CMF.

[366] RGAMF., art. 319-8 et CMF., art. L. 533-2-2 ; v. en ce sens : R. VABRES, « Chapitre II. Les sociétés de gestion collective de portefeuille », *in* Th. BONNEAU et al., *op. cit.*, n° 359, p. 226 ; Instr. AMF n° 2008-04.

[367] CMF., art. L. 533-21.

[368] CMF., art. L. 533-22.

[369] R. VABRES, « Chapitre II. Les sociétés de gestion collective de portefeuille », *in* Th. BONNEAU et al., *Droit financier*, *op. cit.*, n° 359, p.

Il doit rendre compte de sa stratégie en termes d'exercice des droits issus des titres composant l'actif de la société de libre partenariat aux porteurs de cette dernière. Il élabore pour cela un document intitulé « politique de vote »[370].

La politique d'investissement menée par le gestionnaire fait également l'objet de modalités de prise en compte des critères relatifs au respect d'objectifs sociaux, environnementaux et de qualité de gouvernance[371].

La politique de rémunération de l'équipe de gestion de la société de libre partenariat doit impérativement être compatible avec une gestion saine et efficace des risques encourus par la société afin d'éviter une prise de risque démesurée[372].

Un « autre fonds alternatif » au sens de l'article L. 214-24, III, 3° du code monétaire et financier ainsi qu'un même type de fonds mais de nature intra-groupe ne sont pas soumis à ces règles. On parle alors de *reporting* allégé pour le premier.

Une holding répondant de la définition posée par l'article L. 539-9, V, al. 7 du code précité en est également exemptée.

De telles dispenses démontrent encore une fois, que si la société de libre partenariat est utile pour certaines activités financières, son encadrement actuel la rend inadaptée pour d'autres.

---

226 citant I. RIASSETTO, « Le devoir du gestionnaire d'OPC d'agir dans l'intérêt des porteurs de parts », *in Mélanges AEDBF-France IV,* A. GOURIO et J.-J. DAIGRE (dir.), 2013, p. 581 ; CE, 24 Mars 2014 ; RD bancaire et fin. 2014, comm. 120, note I. RIASETTO ; CE 27 Juill. 2015, Turgot Asset Management ; BJB 2015, note M. STORCK.

[370] RGAMF., art. 314-100.

[371] CMF., art. L. 533-22-1, al. 1er.

[372] CMF., art. L. 533-22-2.

115. Une vaste responsabilité du gestionnaire. À l'instar de la multitude d'effets tant organisationnels, qu'informationnels ou encore comportementaux, la responsabilité du gestionnaire de la société de libre partenariat est celle d'un prestataire de services d'investissement.

§2. La sanction du statut

116. Une pluralité de sanctions. Comme tout prestataire de services en investissement, le gestionnaire agréé de la société de libre partenariat est soumis à de multiples sanctions.

Ce dernier est soumis à une responsabilité civile étendue. Les porteurs de parts peuvent agir à l'encontre du gestionnaire qui ne respecte pas son devoir de mise en garde[373]. Ils peuvent faire de même lorsque les documents publicitaires destinés à la commercialisation des parts ne sont pas cohérents[374].

---

[373] R. VABRES, « Chapitre II. Les sociétés de gestion collective de portefeuille », *in* Th. BONNEAU et al., *Droit financier*, *op. cit.*, n° 360, p. 227 citant Cass. Com., 19 sept. 2006, n° 05-15304 et 05-14344 ; Dr. Sociétés 2007, comm. 13, obs. Th. BONNEAU : Banque & droit 2006, n° 110, p. 46, obs. F. BUSSIÈRE ; BJB 2007, p. 24, note I. RIASSETTO et M. STORCK.

[374] *Ibid.,* citant Cass. Com., 24 juin 2008, n° 06-21798 ; Bull. civ. 2008, IV, n° 127 ; Banque & droit 2008, n° 121, p. 70, obs. F. BUSSIÈRE ; JCP G 2008, II, 10160, note M. MATHEY ; BJB 2008, p. 398, note H. GUYADER.

En revanche, en matière pénale, des sanctions propres au statut de prestataire de services d'investissement sont applicables au gestionnaire de la société de libre partenariat[375], que celui-ci soit une personne physique ou morale[376].

Si la responsabilité civile de droit commun ne pose guère problème à l'activité de retournement, celle de nature pénale propre à un gestionnaire agréé complexifie encore plus sa tâche. Il y a là un désavantage supplémentaire de la société de libre partenariat par rapport à d'autres régimes juridiques tels que celui de la holding ou des fonds d'investissement alternatifs par objet.

Lorsqu'un manquement du gestionnaire de la société de libre partenariat à ses obligations est constaté, la commission des sanctions de l'Autorité des marchés financiers met en exergue ses pouvoirs afin de sanctionner celui-ci[377]. Concernant les sanctions pouvant être infligées au gestionnaire, il s'agit de l'avertissement, du blâme, de l'interdiction à titre temporaire ou définitif de l'exercice de tout ou partie des services fournis, ou encore de la radiation du registre professionnel national des gestionnaires de portefeuille[378]. Ces dernières peuvent également s'accompagner de sanctions pécuniaires[379]. Les personnes physiques membres de l'équipe de gestion sont elles aussi passibles de telles sanctions[380].

Afin de faire respecter les règles par ses membres, l'association professionnelle à laquelle adhère obligatoirement

---

375 CMF., art. L. 573-1 ; v. en ce sens : JurisClasseur Banque – Crédit – Bourse, Fasc. N° 2210, spéc. N° 141 et s.

376 C. pén., art. 121-2, al. 1er et L. 573-7, al. 1er.

377 CMF., art. L. 621-9 et s. (pour le pouvoir d'enquête de la commission des sanctions de l'AMF) et R. 621-38 et s. CMF (pour les règles de la procédure d'enquête).

378 CMF., art. L. 621-15, III, a).

379 CMF., art. L. 621-15, III, a).

380 CMF., art. L. 621-15, III, a).

le gestionnaire de la société de libre partenariat est dotée d'une Commission de déontologie. Celle-ci dispose d'un pouvoir de recommandation et de sanction auprès de ses membres. En prenant l'exemple de l'association *France invest*, la procédure tant de saisine que d'instruction et de jugement est menée en conformité avec le droit communautaire. Cette commission déontologique prononce des sanctions diverses selon un barème de gravité qui va de l'avertissement, à la suspension temporaire d'activité en passant par le blâme. Et enfin, pour les infractions les plus graves, la radiation définitive de l'association.

Le gestionnaire d'un fonds d'investissement alternatif par objet défini à l'article L. 214-24, III, 3° du code monétaire et financier reste pleinement soumis au régime de responsabilité civile de droit commun. En revanche, la responsabilité pénale spéciale d'un prestataire de services d'investissement lui est inapplicable[381].

Il en va de même pour le gestionnaire d'un tel fonds de nature intragroupe ou encore pour le dirigeant d'une holding exemptée des règles de la directive dite « AIFM »[382].

Même si le gestionnaire exempté d'agrément reste pleinement soumis à la surveillance de la commission des sanctions de l'Autorité des marchés financiers[383], il ne sera en aucune manière passible du retrait d'agrément prévu

---

[381] CMF., art. L. 214-24, III, 3°, lequel rend inapplicable les dispositions du VI de l'article L. 214-24 et des paragraphes 1 à 5 de la sous-section 1 de la section 2 du Chapitre IV du titre 1er du livre II du CMF aux gestionnaires non agréés. Les règles issues du droit commun appartenant à la sous-section 2 de la section 2 précitée trouvent donc à s'appliquer.

[382] CMF., art. L. 539-9, V, al. 7.

[383] CMF., art. L. 621-15, III, a) renvoyant aux art. L. 621-9, II, 7° et L. 543-1 du CMF, ce dernier précisant que dans le cadre des sanctions infligées par l'AMF, « les sociétés de gestion de placements collectifs sont les sociétés de gestion de portefeuille, les personnes morales qui gèrent des FIA mentionnés au 3° du III de l'article L. 214-24 (…) ».

puisqu'il n'en dispose d'aucun. Une même remarque touche les membres de l'équipe de gestion[384].

Précisons là encore que les holdings au sens de l'article L. 532-9, V, 7° du code précité sont totalement exclues des sanctions de la part du régulateur. Un « autre fonds alternatif » intragroupe connaît un traitement identique. Les holdings sont aussi exclues du champ d'application des différentes obligations précitées ainsi que les fonds d'investissement alternatifs par objet utilisés uniquement de manière intragroupe.

En revanche, les gestionnaires de fonds répondant de la définition posée par l'article L. 214-24, III, 3° du Code monétaire et financier sont dispensés d'adhérer à une association professionnelle reconnue par l'Autorité des marchés financiers[385].

117. Les autres règles dites « AIFMD ». En plus d'un gestionnaire agréé, le législateur exige que les statuts de la société de libre partenariat désignent obligatoirement des organes de contrôle externes. En effet, la gestion doit être séparée de la surveillance des fonds afin que les intérêts des porteurs de parts soient préservés de tout abus.

SECTION II - L'EXIGENCE D'ORGANES EXTERNES DE CONTRÔLE

118. Le gestionnaire de la société de libre partenariat doit désigner un dépositaire de fonds[386]. Celui-ci est en charge de la surveillance financière de la société dans la mise en œuvre de sa stratégie d'investissement (**§1**). L'obligation de recourir

---

[384] CMF., art. L. 621-15, III, b).
[385] CMF., art. L. 531-8.
[386] V. en ce sens : N. MOLONEY, *op. cit.*, n° III.4.10, pp. 298 et s.

aux services d'un commissaire aux comptes participe également à cette même rigidité (**§2**).

§1. Une surveillance financière

119. Le dépositaire de fonds doit être un tiers agréé par le régulateur (**A**). Il est alors en charge d'exercer des missions consistant en la garde des actifs et la tenue du passif (**B**).

A-Le recours à un tiers agréé

120. L'inadaptation du temps de réaction du tiers agréé. Le gestionnaire interne ou externe de la société de libre partenariat est tenu de veiller à ce qu'un dépositaire unique des actifs soit désigné[387]. Celui-ci doit être agréé par l'Autorité de contrôle prudentiel et de résolution après approbation du cahier des charges par l'Autorité des marchés financiers[388].

Afin de préciser l'étendue de sa mission envers les actifs de la société de libre partenariat, le dépositaire établit un cahier des charges. Il le transmet à l'Autorité des marchés financiers dans le cadre du suivi lié à son agrément délivré par l'Autorité de contrôle prudentiel et de résolution[389].

La fonction de dépositaire est strictement réglementée puisque ne peuvent l'exercer que ceux présents « sur une

---

[387] CMF., art. L. 214-24-4, al. 1er ; RGAMF., art. 323-23-A.

[388] CMF., art. L. 214-24-4, al. 1er ; RGAMF., art. 323-23-A et Instr. AMF n° DOC-2016-01 relative à la procédure d'agrément des entreprises d'investissement dépositaires d'OPCVM - Procédure d'examen du cahier des charges des autres dépositaires d'OPCVM et de FIA, doc. créé le 19 avril 2016, lequel précise que seules la Banque de France et de la Caisse des dépôts et consignations sont dispensées d'obtenir l'agrément de l'AMF pour l'exercice de la fonction de dépositaire de fonds auprès de FIA et d'OPCVM.

[389] RGAMF., art. 323-26.

liste d'entités arrêtée par le ministre chargé de l'économie »[390]. Celui de la société de libre partenariat ne peut donc qu'être choisi parmi la Caisse des dépôts et consignations, les établissements de crédit, la Banque de France, les entreprises d'investissement agréées pour cette activité, les sociétés d'assurance ainsi que les succursales de ces dernières[391]. La fonction de dépositaire ne doit en aucun cas échoir au gestionnaire de la société de libre partenariat afin d'éviter tout conflit d'intérêts[392]. Cela est regrettable car le temps de réaction en aurait été diminué.

L'article L. 214-24, III, 3° du code monétaire et financier précise que les gestionnaires non agréés pour l'activité de gestion collective de fonds d'investissement alternatifs sont dispensés de recourir aux services d'un dépositaire de fonds. La société de libre partenariat démontre ici encore une rigidité d'organisation qu'un fonds d'investissement alternatif par objet répondant aux conditions de l'article précité ne présente pas quant à lui.

Il en va de même pour un fonds alternatif par objet utilisé de manière intragroupe ou encore une holding répondant positivement à la définition posée par l'article L. 532-9, V, 7° du code précité. Encore un attrait juridique et pratique poussant, selon nous, à privilégier l'utilisation de holdings pour se livrer à l'activité d'investissement.

B-Une mission de surveillance

121. Tenue du passif et surveillance des actifs. Le fait de devoir recourir aux services d'un dépositaire ralentit le degré de réactivité de la société de libre partenariat lorsqu'il

---

[390] CMF., art. L. 214-24-5 renvoyant à l'arrêté du 6 septembre 1989, lequel fut modifié par l'arrêté du 25 juillet 2013.
[391] CMF., art. L. 214-24-5.
[392] CMF., art. L. 214-24-6, al. 1er.

s'agit de réaliser un investissement qui nécessite de débloquer des fonds rapidement.

Le dépositaire veille à ce que tous les paiements effectués par les associés (ou en leur nom) lors de la souscription des parts de la société de libre partenariat, aient été reçus[393]. Il veille aussi à ce que toutes les liquidités aient été comptabilisées[394]. Ces actions correspondent ainsi à la tenue du passif de la société[395].

Le dépositaire met également en place un suivi adéquat des flux de liquidité de la société de libre partenariat[396]. Il est aussi tenu d'assurer « la conservation des instruments financiers enregistrés sur un compte d'instruments financiers ouvert dans ses livres et des instruments financiers qui lui sont physiquement livrés »[397]. Le dépositaire doit vérifier pour les autres types d'actifs s'ils appartiennent réellement à la société de libre partenariat et le consigner sur un registre[398].

Il doit s'assurer que les opérations de vente, d'émission, de rachat, de remboursement et d'annulation des parts effectuées par la société ou pour son compte sont conformes aux textes en vigueur ainsi qu'aux dispositions statutaires de cette dernière[399].

Il en va de même pour le calcul de la valeur liquidative des parts[400].

---

393 CMF., art. L. 214-24-8, I.
394 CMF., art. L. 214-24-8, I.
395 CMF., art. L. 214-24-8, I.
396 CMF., art. L. 214-24-8, I.
397 CMF., art. L. 214-24-8, II.
398 CMF., art. L. 214-24-8, II.
399 CMF., art. L. 214-24-8, III, 1°.
400 CMF., art. L. 214-24-8, III, 2°.

Il contrôle la conformité des instructions reçues par le gestionnaire par rapport à la législation en vigueur et aux statuts de la société de libre partenariat[401].

Le dépositaire est tenu de s'assurer que lors d'opérations portant sur les actifs détenus en portefeuille par la société, la contrepartie est remise à la société dans les délais prévus[402].

Il doit également s'assurer que les produits de la société de libre partenariat sont affectés conformément à ce qui était statutairement prévu[403].

Enfin, le dépositaire doit procéder au contrôle de l'inventaire de l'actif de la société de libre partenariat établi par le gestionnaire de cette dernière[404].

Le fait pour le dépositaire de vérifier chaque ordre passé par le gestionnaire et chaque investissement ou désinvestissement décidé alourdit sérieusement le processus opérationnel. Au regard de toutes les tâches incombant au dépositaire de fonds, on comprend aisément pourquoi l'action de la société de libre partenariat se trouve être ralentie par ses missions. Le commissaire aux comptes propre au dépositaire remplit une mission particulière annuelle portant sur le contrôle des comptes ouverts au nom de la société de libre partenariat dans les livres du dépositaire[405].

Par comparaison, le gestionnaire répondant aux conditions posées par l'article L. 214-24, III, 3°, du code monétaire et financier est dispensé de recourir aux services d'un dépositaire de fonds.

Dans le même ordre d'idées, les holdings définies à l'article L. 532-9, V, 7° du même code ne sont pas soumises à

---

401 CMF., art. L. 214-24-8, III, 3°.
402 CMF., art. L. 214-24-8, III, 4°.
403 CMF., art. L. 214-24-8, III, 5°.
404 CMF., art. L. 214-162-10, al. 2.
405 RGAMF., art. 323-29, al. 1er.

la désignation d'un dépositaire, tout comme les fonds d'investissement alternatifs par objet utilisés de façon intragroupe.

122. Un contrôle exigeant. Le dépositaire remplit une mission de gardiennage et de surveillance des actifs comme de tenue du passif de la société de libre partenariat. Mais la certification des comptes de cette dernière revient à son commissaire aux comptes. Si ces mesures permettent une surveillance financière rapprochée, elles ont un effet contre-productif car ralentissant l'action de la société de libre partenariat. Cette situation est rédhibitoire lorsqu'il s'agit de mener une stratégie financière nécessitant une rapidité d'action.

§2. Un contrôle des comptes

123. Un contrôle obligatoire non conditionné. Le législateur exige que la société de libre partenariat soit dotée d'un commissaire aux comptes, cela sans aucune condition tenant au chiffre d'affaires réalisé, ou encore au montant des actifs détenus[406]. Les textes déclarent qu'il revient au gérant lorsque celui-ci n'est pas également le gestionnaire de la société de procéder à la désignation du commissaire aux comptes[407]. Celui-ci est nommé pour six exercices, en conformité avec l'article L. 823-1 du code de commerce, mais seulement après avoir obtenu l'accord de l'Autorité des marchés financiers[408]. Ses missions reprennent celles prévues par le droit commun des sociétés. Celui de la société de libre partenariat est tenu de signaler au gérant de

---

[406] CMF., art. L. 214-162-5, al. 1er.
[407] CMF., art. L. 214-162-5, al. 1er.
[408] CMF., art. L. 214-162-5, al. 1er.

celle-ci et/ou à son gestionnaire « les irrégularités et inexactitudes qu'il a relevées dans l'exercice de sa mission »[409]. Mais aux textes du code de commerce[410] viennent s'ajouter certaines dispositions du règlement général de l'Autorité des marchés financiers[411].

La désignation d'un commissaire aux comptes n'est pas une spécificité de la société de libre partenariat. Mais les exigences supplémentaires du régulateur à son égard venant s'ajouter à l'exigence d'un dépositaire de fonds aboutissent à un contrôle rigidifiant encore un peu plus son utilisation.

La fonction de commissaire aux comptes est également coûteuse pour la société de libre partenariat. Celle-ci est donc soumise au contrôle de deux commissaires aux comptes différents lorsqu'elle n'est pas autogérée. Celui émanant de son propre commissaire et celui du commissaire de son dépositaire.

En revanche, et conformément aux attentes des acteurs du retournement, un fonds d'investissement alternatif par objet défini à l'article L. 214-24, III, 3° du code précité est uniquement soumis aux dispositions du code de commerce concernant la nomination d'un commissaire aux comptes. Il en va de même pour un tel fonds intragroupe ou une holding définie à l'article L. 532-9, V, 7° du même code. Aucune exigence supplémentaire de la part du régulateur ne vient s'y ajouter.

---

409 CMF., art. L. 214-162-5, al. 3.

410 C. com., art. L. 820-1 à L. 824-16.

411 RGAMF., art. 422-33 à 422-41 sur renvoi de l'art. 423-33 du RGAMF.

Troisième partie

La société de libre partenariat : une fiscalité par assimilation

124. Plan de la troisième partie. Le projet de loi portant création de la société de libre partenariat destinait cette dernière à attirer les capitaux étrangers afin de les injecter dans l'économie française. Elle répond réellement à une attente de certains secteurs composant l'industrie du *private equity*. Mais si le législateur l'avait dotée d'un régime fiscal propre, cette société aurait connu, selon nous, un autre essor auprès des investisseurs. La société de libre partenariat doit se contenter d'être assimilée fiscalement à un fonds professionnel de capital investissement, lequel pose certaines difficultés internationales.

Le législateur a refusé de faire bénéficier la société de libre partenariat d'une transparence fiscale pure. Elle doit se contenter d'un régime fiscal inachevé à bien des égards (**Chapitre I**). Cette fiscalité est parfaitement illisible en de nombreux points, restreignant alors le nombre de sources financières potentielles alors même qu'elle fut créée pour les décupler (**Chapitre II**).

Chapitre I

La translucidité fiscale

125. Plan du premier chapitre. La translucidité fiscale fait trop souvent l'objet d'une confusion avec la notion de transparence fiscale. Le prélude à ce chapitre est l'occasion d'y mettre un terme. La translucidité fiscale consiste pour une société fiscalement opaque, donc imposée sur ses bénéfices, à jouir d'une exonération d'imposition accordée par les textes. Elle reste donc dotée d'une personnalité fiscale distincte de celles de ses associés mais n'est pas redevable de l'impôt sur les sociétés. Les associés sont personnellement imposés selon leur régime pour leur quote-part de bénéfice perçue.

La transparence fiscale aboutie quant à elle à des effets quasi semblables en termes d'imposition mais la notion est pourtant différente. La transparence fiscale est caractérisée pour toute société ne disposant pas d'une personnalité fiscale distincte de celles de ses associés. Elle est inexistante fiscalement et n'est donc soumise par principe à aucun impôt sur ses bénéfices. Ce sont ses associés qui le sont directement. La société n'est donc pas considérée comme opaque puisque ne bénéficiant d'aucune exonération de la part des textes mais au contraire d'une affirmation de son statut de leur part. C'est le cas pour les *limited partnerships* anglo-saxons et pour la société immobilière de copropriété française.

La différence peut sembler anecdotique. Mais si sur le plan national elle n'apporte pas de grandes différences quant à l'imposition des porteurs de parts du fonds d'investissement, il va bien autrement lorsque ceux-ci sont résidents fiscaux étrangers.

Dès lors, contrairement à l'objectif poursuivi par le législateur, la société de libre partenariat doit se contenter d'une absence d'assujettissement fiscal, bénéficiant d'une assimilation textuelle à un fonds commun de placement (**Section I**). La société n'est donc pas reconnue comme sujet fiscal à part entière par le droit fiscal international (**Section II**).

SECTION I – UNE ASSIMILATION TEXTUELLE

126. L'assimilation fiscale de la société de libre partenariat à un fonds professionnel de capital-investissement est le fruit d'un projet de loi qui fut ambitieux (**§1**). Certains effets indésirables sont caractérisés lorsqu'il s'agit de réaliser une levée de fonds internationale (**§2**).

§1. Un projet de loi ambitieux

127. Un dispositif tronqué. Le projet de loi initial débattu à l'Assemblée nationale le 17 avril 2015 prévoyait deux régimes fiscaux différents pour la société de libre partenariat.

Ainsi, un article 1655 *sexies* A du code général des impôts prévoyait de déclarer la société de libre partenariat comme étant fiscalement transparente. Elle ne devait pas posséder de personnalité fiscale distincte de celle de ses associés comme c'est le cas en droit interne pour les sociétés immobilières de copropriété[412]. En conséquence, les associés seraient personnellement et directement soumis à l'IR ou à l'IS selon les cas pour la part des gains et revenus sociaux, et ce proportionnellement à leurs droits détenus dans la société.

Une autre option figurait à l'article 1655 *sexies* B du code général des impôts du projet de loi initial. Elle était réservée exclusivement aux porteurs de parts résidents français de la société de libre partenariat. Ceux-ci pouvaient bénéficier du régime fiscal attribué aux fonds professionnels de capital-investissement dits « fiscaux », sous conditions de respecter les mêmes ratios d'investissement que ceux-ci. Pour des raisons de rapidité de mise en œuvre et de simplification[413], le régime fiscal retenu à l'issue des débats fût celui-ci, c'est-à-dire le texte prévu à l'article 1655 *sexies* B précité devenu l'actuel article 1655 *sexies* A. Il consiste donc à assimiler la société de libre partenariat à un fonds professionnel de capital-investissement constitué sous forme de fonds commun de placement.

Ce projet de loi tronqué aboutissant à la loi dite « MACRON » attribue à la société de libre partenariat un régime fiscal par assimilation à un fonds professionnel. Cela la condamne, en premier lieu, à n'être utilisée que de manière réservée ; et en second lieu, d'être assimilée à un

---

412 Sénat, travaux parlementaires, Séance du 17 avril 2015, débats relatifs à l'amendement n° 1573 visant à instaurer deux régimes fiscaux optionnels à la SLP, Mr. E. MACRON, Ministre de l'Économie, de l'Industrie et du Numérique déclare que « (…) le régime dit de transparence fiscale, lequel n'a actuellement pas d'équivalent en droit interne, hormis le cas des sociétés immobilières de copropriété (…) ».

413 *Ibid.,* déclarant que « il n'y a pas d'opposition de principe de ma part à en analyser le fonctionnement, mais, au stade où nous en sommes de nos travaux, il nous apparaît que le plus simple est d'en rester à la proposition de voir la SLP rattachée au régime fiscal des FPCI. Je le répète, la solution proposée dans notre amendement permet d'aller vers cette simplification ».

fonds commun de placement, lequel est une simple copropriété d'instruments financiers dépourvue de personnalité juridique. Une telle rédaction se veut réductrice de la société de libre partenariat et du potentiel fiscal qu'elle offre *in concreto*. Elle est donc exonérée d'impôts du fait de son assimilation à un fonds professionnel de capital-investissement constitué sous forme de fonds commun de placement. On parle donc de « translucidité fiscale ». Elle n'est pas transparente par absence de personnalité fiscale comme l'est un *limited partnership* britannique ou américain.

128. Des effets sur le plan international. Les sociétés de droit étranger conçues sur le modèle du *limited partnership* anglo-saxon sont privilégiées par les acteurs internationaux de l'investissement. Les raisons sont de nature essentiellement fiscale. Or, c'est justement la faiblesse dont le législateur semble avoir affublé la société de libre partenariat.

§2. Des effets indésirables

129. Une fiscalité dissuasive. L'absence de frottement fiscal entre la société de libre partenariat en tant qu'entité juridique pleine et entière et ses porteurs de parts résidents français est assurée en droit interne sous certaines conditions strictes. Malheureusement, il en va bien autrement lorsqu'il s'agit de faire reconnaître la transparence fiscale de la société par certains droits étrangers.

C'est notamment le cas en Allemagne avec le fonds professionnel de capital-investissement constitué sous forme de fonds commun de placement[414].

Le législateur aurait dû poursuivre son idée initiale en dotant la société de libre partenariat d'un régime fiscal clairement lisible par les juridictions tant françaises qu'étrangères. Cela aurait évité de créer une situation de frottement fiscal avec les porteurs de parts résidents fiscaux étrangers. L'effet produit vis-à-vis des investisseurs étrangers est de leur faire préférer des fonds fiscalement transparents tels que les *limited partnerships* de droit britannique, luxembourgeois ou encore américain, voire allemand.

Effectivement, en droit français la transparence fiscale n'existant que pour la société immobilière de copropriété, les investisseurs français comme étrangers ont tendance à utiliser des montages internationaux. L'objectif est de compenser un tant soit peu leur prise de risque par une attractivité fiscale accrue.

L'instauration de la société de libre partenariat en droit français était l'occasion de mettre fin à cette situation et de rendre la place financière française bien plus attractive en concurrençant à armes juridiques égales ses principales rivales.

Aucun fonds d'investissement alternatif par objet défini par l'article L. 214-24, III, 3° du code monétaire et financier et aucune holding ne peuvent bénéficier d'une transparence fiscale pure. Les fonds français ne peuvent lutter efficacement contre les structures de droit étranger sur ce point crucial qu'est la fiscalité.

---

[414] C. BENHAMOU, « La société de libre partenariat : analyse d'un traitement fiscal paradoxal », n° 4, p. 5 *in* Revue de droit fiscal, 24 novembre 2016, hebdomadaire, n° 47 ; v. en ce sens : Sénat, déb. parl. séance du 17 avril 2015 *préc.*

130. La traitement international d'un fonds commun de placement. En assimilant fiscalement la société de libre partenariat à un fonds professionnel de capital-investissement constitué sous forme de fonds commun de placement, le législateur s'est livré à un raccourci rapide mais incompréhensible à bien des endroits. Cette incohérence ressurgit lorsque la société de libre partenariat est confrontée au droit fiscal international et ses conventions de non double imposition.

SECTION II – DES DIFFICULTÉS INTERNATIONALES

131. L'absence de résidence fiscale de la société de libre partenariat (**§1**) fait d'elle une société fiscalement opaque au sens du droit international (**§2**). Son régime fiscal la prive alors de toute utilité pour de nombreux investisseurs étrangers.

§1. L'absence de résidence fiscale

132. L'impossibilité de se prévaloir des conventions fiscales internationales. À titre liminaire, il faut rappeler qu'une société ou à un fonds d'investissement peut prétendre au bénéfice de conventions fiscales internationales grâce à sa qualité de résident fiscal en tant qu'entité assujettie à l'impôt sur les sociétés (IS) ou un impôt équivalent.

Toutefois, précisons ici que la jurisprudence du Conseil d'État reconnaît aux sociétés de personnes fiscalement translucides (donc exonérées d'impôt sur les bénéfices), la possibilité de se prévaloir du bénéfice d'une convention fiscale internationale[415]. Le juge administratif passe outre le critère fixé par le droit international de l'assujettissement à l'impôt

---

[415] CE., 11 juill. 2011, n° 317024, *aff. Sté Quality Invest*, Dr. Fisc 2011, n° 36, comm. 496, concl. L. OLLÉON, note Ph. DEROUIN.

sur les bénéfices. Il s'appuie pour cela sur le fait que les sociétés de personnes françaises sont seulement exonérées d'IS et que par conséquent, elles possèdent bien une personnalité fiscale distincte de celle de leurs associés. Elles sont qualifiées de sociétés opaques par l'administration fiscale française[416]. Pour preuve, lors d'un contrôle fiscal touchant une société de personnes fiscalement translucide, celui-ci vise principalement la société alors que ses associés n'en subissent que des effets accessoires[417]. Les juridictions étrangères se démarquent nettement d'une telle démarche puisque leurs propres sociétés de personnes sont fiscalement transparentes ; c'est-à-dire qu'elles ne possèdent pas de personnalité fiscale distincte de celle de leurs associés. Aussi, notre translucidité fiscale ne correspond à rien de semblable dans les différents droits fiscaux étrangers.

Dès lors, même si la société de libre partenariat reste dotée de la personnalité juridique, elle échappe pourtant à toute imposition au titre de l'IS du fait de son assimilation fiscale à un fonds commun de placement. En étant exonérée de l'impôt sur les bénéfices, elle ne peut donc pas être qualifiée par les juridictions étrangères de résidente fiscale française au sens du droit fiscal international. Elle est alors qualifiée de société opaque du fait de sa personnalité fiscale non distincte de celle de ses associés, sans pour autant pouvoir bénéficier des conventions fiscales internationales qui réclament l'assujettissement à l'impôt sur les bénéfices.

Le fait que la société de libre partenariat puisse ne pas distribuer immédiatement à ses associés des sommes qu'elle a perçues de ses sociétés détenues en portefeuille prouve là encore l'existence d'une certaine opacité fiscale. Une société

---

[416] Instr. admi. N° 14-B-99.

[417] A. De BISSY, « La personnalité fiscale du groupe en question(s) - Réflexion à propos de l'intégration fiscale et de la TVA consolidée » *in* BIOY (X.) (dir.), *La personnalité juridique, op. cit.*, pp. 233-241.

fiscalement transparente ne peut pas décider de distribuer ou non de telles sommes puisque celles-ci sont perçues directement par ses associés. Aucun choix n'est possible pour une société fiscalement transparente.

Cela pose un problème à la société de libre partenariat disposant de porteurs de parts non résidents lorsqu'elle investit à l'étranger. Dans une telle situation, le « pays de la source[418] doit déterminer si un flux est ou non assujetti à retenue à la source (…) selon l'analyse que mènera le pays de la source au regard de son droit interne sur la nature de la société de libre partenariat elle-même, il pourra appliquer uniquement son droit interne ou, le cas échéant, appliquer la convention qui le lie avec le pays de résidence des porteurs de parts de la société »[419].

Quand la transparence ne sera pas retenue par le pays de la source à l'égard de la société de libre partenariat du fait de son absence d'assujettissement à l'impôt (comme un fonds commun de placement), la fiscalité applicable sera alors celle prévue pour une entité assujettie (dite opaque). C'est notamment le cas pour les juridictions allemandes qui refusaient déjà de reconnaître la transparence fiscale du fonds professionnel de capital-investissement constitué sous forme de fonds[420]. Celui-ci conduisait les porteurs de parts à une double imposition : à la fois dans le pays de la source et dans celui de leur résidence.

Tout comme le fonds commun de placement, tant que la société de libre partenariat ne sera pas reconnue comme fiscalement transparente, elle ne pourra pas non plus être partie

---

[418] C'est-à-dire le pays dans lequel les sommes en question ont été générées.

[419] Th. GRANIER, B. FOUCHER, « Fiscalité de la SLP dans un contexte international », Option Finance, 14 déc. 2015.

[420] W. HANNECART-WEYTH, « Société de libre partenariat un nouvel espoir pour le financement des PME ? », *in* Les Nouvelles Fiscales, n° 1164, 15 oct. 2015.

à la convention fiscale internationale puisqu'étant exonérée d'impôt sur les bénéfices. L'assujettissement de la société à l'impôt sur les bénéfices est « le » critère utilisé par l'Organisation de coopération et de développement économiques (OCDE) afin de qualifier (ou non) une société d'entité fiscale.

Cette problématique repousse dès lors bon nombre d'investisseurs étrangers, dont ceux de nationalité allemande, souhaitant investir dans une société de libre partenariat. Ils se dirigent alors vers le *private fund limited partnership* britannique ou vers la société en commandite spéciale luxembourgeoise ; sociétés ne connaissant pas ce type de difficulté du fait de leur transparence fiscale pure.

La transparence fiscale pure aurait signifié « la négation, au regard des règles fiscales, de la personnalité de la société »[421], c'est-à-dire une personnalité fiscale non distincte de celle de ses associés. Si la société de libre partenariat avait été dotée d'une transparence fiscale pure, lorsqu'un revenu aurait été généré par l'une de ses sociétés détenues en portefeuille, celui-ci aurait été considéré par l'administration fiscale comme directement perçu par ses associés.

Lorsque ces derniers auraient été résidents fiscaux français, ils auraient été taxés personnellement pour ce revenu, tandis que pour les associés non-résidents, « la convention fiscale applicable aurait été en principe la convention liant l'État de la source avec l'État de la résidence des associés »[422]. Les situations de double imposition étaient ainsi évitées.

Malheureusement, le projet de loi initial n'a pas été retenu, et la société de libre partenariat a dû se contenter d'un régime fiscal lacunaire par assimilation[423]. Le législateur a manqué

[421] *Ibid.*
[422] *Ibid.*
[423] CGI., art. 1655 *sexies* A.

d'audace alors que cela aurait permis de modifier l'analyse fiscale des *partnerships* en France[424].

Par conséquent, les investisseurs étrangers optent pour des structures étrangères constituées sur le modèle du *partnership* anglo-saxon, cela au détriment de la société de libre partenariat. En revanche, quand ils optent, rarement, pour une structure d'investissement française, leur choix se porte soit sur une holding, soit sur un fonds d'investissement alternatif par objet. Ceux-ci sont alors constitués en pratique sous forme de société par actions simplifiée ; une structure très souple juridiquement mais qui reste tout de même moins attractive que le potentiel offert (mais inexploité) par la société de libre partenariat.

133. Obsolescence fiscale internationale ? À défaut d'être assujettie à l'impôt sur les sociétés mais possédant tout de même la personnalité juridique, la société de libre partenariat démontre son obsolescence fiscale sur le plan international lors de certaines opérations. En effet, étant paradoxalement qualifiée par de nombreuses juridictions étrangères de société

---

[424] V. en ce sens : CE., 13 oct. 1999, n° 19-1191, *aff. Diebold courtage*, dans laquelle les juges français refusent de reconnaître la résidence fiscale à une société CV installée au Pays-Bas, lui reconnaissant alors la transparence fiscale du fait de son absence de personnalité juridique et fiscale. Ce qui permis l'application la convention fiscale de non double imposition franco-hollandaise et d'éviter une retenue à la source ; CE, 24 nov. 2014, n° 36-3556, *aff. Artémis*, dans laquelle, au contraire de l'arrêt précité, les juridictions administratives françaises refusent de reconnaître la transparence fiscale à un *partnership* américain, avouant que « des dividendes transitant par un *general partnership* (GP) (équivalent de l'*ordinary partnership* britannique) de l'État du Delaware ne peuvent pas bénéficier du régime mère-filiale ». Cela au motif que le régime mère-filiale français ne peut s'appliquer qu'uniquement à des participations détenues directement par la société mère et non de manière indirecte par le biais de société de personnes fiscalement transparentes. D'où un certain flou juridique que le législateur aurait pu balayer en instaurant la transparence fiscale à la SLP. Ces jurisprudences feront l'objet d'une réflexion approfondie lors de notre prochain chapitre.

fiscalement opaque, les investisseurs étrangers s'en détournent alors systématiquement.

§2. Une entité fiscalement opaque

134. L'impossible qualification internationale de *partnership*. Bon nombre de conventions fiscales internationales comportent une clause relative aux *partnerships* (englobant ainsi l'*ordinary partnership*, le *limited partnership*, le *private fund limited partnership* ou encore le *limited liability partnership*). En effet, comme le rappellent certains auteurs, la société de libre partenariat ne peut bénéficier de ces clauses spécifiques[425]. Ces deux auteurs citent à titre d'exemple l'article 4 § 3 de la convention fiscale franco-américaine. Celui-ci déclare « qu'aux fins d'application de la présente convention, un élément de revenu, bénéfice ou gain perçu par l'intermédiaire d'une entité considérée comme fiscalement transparente en vertu de la législation fiscale de l'un ou de l'autre des États contractants, et qui est constituée ou organisée dans l'un ou l'autre des États contractants (…) est réputé perçu par un résident d'un État contractant dans la mesure où cet élément de revenu est traité, par la loi fiscale de cet État, comme le revenu, bénéfice ou gain d'un résident »[426].

Or, les auteurs font remarquer, à raison selon nous, que la société de libre partenariat ne bénéficie pas d'une transparence fiscale contrairement à un *partnership*[427]. Elle possède bien une personnalité fiscale, mais celle-ci est insuffisante à la faire

---

425 Th GRANIER, B. FOUCHER, *art. cit.* ; v. également : P.-H. REVAULT, « La fiscalité française des partnerships dans un contexte international », LesEchos,15 févr. 2000.
426 *Ibid.*
427 *Ibid.*

bénéficier des conventions internationales faute d'être exonérée d'IS[428]. La société de libre partenariat ne peut donc pas se prévaloir de clauses réservées aux entités fiscalement transparentes que sont les différentes catégories de *partnerships*, et ce à la différence de ses concurrentes de droit étranger. La société de libre partenariat n'est qu'une société fiscalement translucide.

Le projet de loi initial portant création de la société de libre partenariat qui prévoyait un régime fiscal dual aurait permis d'éviter cette déconvenue. En effet, la transparence fiscale affirmée de manière similaire à celle de la société immobilière de copropriété aurait permis à la société de libre partenariat d'être qualifiée de *limited partnership* au sens des conventions fiscales internationales. L'absence de personnalité fiscale distincte de celle de ses associés aurait permis aux investisseurs étrangers de pouvoir compenser leur prise de risque financière dans l'activité de refinancement d'entreprises en difficulté par une fiscalité avantageuse. Mais à défaut, ils préfèrent opter pour des structures étrangères, lesquelles bénéficient d'une transparence fiscale pure. Cela leur évite des situations de double imposition.

135. Les particularités d'un « fonds fiscal ». En assimilant la société de libre partenariat à un fonds professionnel de capital-investissement constitué sous forme de fonds commun de placement, le législateur se comporte de manière incompréhensible. En conditionnant cette exonération fiscale de la société à des exigences strictes de quota, cela produit un effet d'illisibilité depuis l'étranger repoussant les investisseurs en retournement.

---

[428] *Ibid.*

Chapitre II

Le conditionnement juridique

136. Plan du second chapitre. Lorsque la société de libre partenariat ne respecte pas les exigences de quota fiscal de l'article 163 *quinquies* B du code général des impôts ainsi que le quota juridique posé par l'article L. 214-160 du code monétaire et financier, l'exonération d'impôt qui lui est accordée est alors remise en cause. Dans pareille situation, on parlera alors d'une société de libre partenariat « juridique » et non « fiscale »[429].

Ces exigences font de la société de libre partenariat un fonds doté d'un régime fiscal complexe. Celui-ci comporte des conditions tenant à l'exonération d'impôt de la société elle-même (**Section I**) ainsi que pour l'imposition préférentielle des associés (**Section II**).

Section I - Des conditions d'exonération d'impôt de la société

137. Des conditions sont exigées par les textes autant envers les associés de la société de libre partenariat soumis à l'impôt sur le revenu (**§1**) qu'envers ceux soumis à l'impôt sur les sociétés (**§2**).

---

[429] Fl. MOULIN, D. SCHMIDT, *op. cit.*, n° 748 et 749, pp. 814-816.

§1. Des conditions pour les associés soumis à l'IR

138. Pour que la société de libre partenariat puisse produire les effets d'un « fonds fiscal », des conditions sont prévues pour les associés résidents français (**A**) tandis que les investisseurs étrangers semblent être oubliés par le législateur (**B**).

A-Les associés résidents français soumis à l'IR

139. Absence d'imposition des sommes non distribuées. Comme le déclare le législateur, le fait générateur de l'imposition est la distribution/répartition des produits entre les porteurs de parts personnes physiques et résidents fiscaux français de la société de libre partenariat[430]. Toutefois, l'exonération totale d'imposition pour les sommes non distribuées reste conditionnée au fait que chaque associé ne détienne pas plus de 10 % des parts de la société[431], cela de manière directe ou bien même indirecte[432].

Mais lorsque ce seuil n'est pas respecté par un seul associé, alors ce sont tous les porteurs de parts personnes physiques du fonds qui s'en trouvent imposés selon le régime des plus-values de long terme[433]. L'imposition se fait alors de manière proportionnelle à leurs participations respectives au sein de la société[434], sauf si une régularisation intervient sous deux mois à compter du jour du dépassement[435].

---

[430] CGI., art. 137 *bis*, I, al. 1er et BOI-RPPM-RCM-40-30-20140211, § 210.
[431] CGI., art. 150-0 A, III, 2.
[432] BOI-RPPM-PVBMI-10-20-10-20120912, § 70.
[433] CGI., art. 150-0 A, I.
[434] BOI-RPPM-PVBMI-10-20-10-20120912, § 110, al. 1er.
[435] BOI-RPPM-PVBMI-10-20-10-20120912, § 110, al. 2, 1°.

S'il s'agit d'un associé fondateur, alors lui seul sera imposé en application de l'article 150-0 A du code général des impôts[436].

Il en va de même lorsque la responsabilité du gérant de la société de libre partenariat ne pourra pas être retenue dans le cadre dudit dépassement de détention de parts[437].

Dans le cadre du régime de faveur précité, les abattements pour durée de détention prévus au premier alinéa du 1 *ter* de l'ancien article 150-0 D du code précité trouvent à s'appliquer lorsque les droits sociaux ont été souscrits entre le 1er janvier 2014 et le 31 décembre 2017.

Une holding définie au 7° du V de l'article L. 532-9 du code précité ou un « autre fonds alternatif » utilisé de manière intragroupe (ou non) ne sont soumis à aucun ratio d'emprise à la différence de la société de libre partenariat.

B-Les associés non-résidents soumis à un impôt équivalent

140. La subsistance d'interrogations juridiques. Lorsque les porteurs de parts de la société de libre partenariat sont des résidents fiscaux étrangers, ils semblent être dispensés de toute imposition sur les produits et plus-values générés par la société de libre partenariat et non distribués. Les articles précités du code général des impôts ne sont applicables exclusivement qu'à des résidents fiscaux français.

Toutefois, leur traitement reste incertain puisqu'aucune précision de l'administration fiscale n'est venue éclaircir ce point et qu'aucun investisseur étranger ne s'est encore risqué à investir dans une société de libre partenariat. Cela sans

---

[436] BOI-RPPM-PVBMI-10-20-10-20120912, § 110, al. 2, 1°.
[437] BOI-RPPM-PVBMI-10-20-10-20120912, § 110, al. 2, 2°.

compter que le droit fiscal international se refuse à reconnaître la société de libre partenariat comme un sujet juridique.

Dès lors, le régime fiscal attribué à la société de libre partenariat par assimilation laisse les investisseurs étrangers très réticents. Ceux-ci ne savent pas si ce type de société leur permettra de mettre en place un montage fiscal reconnu par leur État de résidence.

En pratique, cela s'avère contraire au but poursuivi par le projet de loi portant création de la société de libre partenariat. Celui-ci destinait la nouvelle société à attirer les investisseurs du monde entier en France comme le font ses concurrentes constituées sur le modèle d'un *partnership* anglo-saxon.

141. Un traitement fiscal source de méfiance. En attribuant un régime fiscal complexe à la société de libre partenariat, le législateur a attisé la méfiance des investisseurs internationaux dans son utilisation. Cela vaut pour les investisseurs soumis à l'impôt sur le revenu comme ceux soumis à l'impôt sur les sociétés.

§2. Des conditions pour les associés soumis à l'IS

142. Des conditions de l'absence d'imposition des sommes non distribuées sont exigées envers les associés résidents soumis à l'IS (**A**). Il en est de même envers les porteurs de parts non résidents assujettis à un impôt équivalent (**B**).

A-Les associés résidents français soumis à l'IS

143. Absence d'imposition des sommes non distribuées. Les porteurs de parts résidents fiscaux français soumis à l'IS doivent inclure dans leurs résultats imposables l'écart constaté entre la valeur liquidative de leur part détenue à l'ouverture de l'exercice et la valeur liquidative de clôture de cette même part[438].

Lorsque l'écart est positif, il doit être intégré au résultat de la société porteuse de parts et imposé à l'IS[439].

Toutefois, l'article 209-0 A, 1°, al. 5 du code général des impôts permet aux produits non distribués de bénéficier d'une exonération totale de prélèvement sous conditions. Il faut pour cela que l'actif de la société de libre partenariat se compose d'au moins 90 % de parts, d'actions ou encore de certificats d'investissement et de certificats coopératifs d'investissement émis par des sociétés résidentes fiscales françaises (ou européennes) soumises à l'IS (ou à un impôt équivalent).

Les ratios d'investissement propres à tout « fonds fiscal » doivent toutefois être respectés puisque l'actif ne doit pas être composé à plus de 50 % de titres ou actions cotées ou considérées comme telles[440].

L'exonération vaut de manière similaire lorsque l'associé respecte son engagement de détenir ses parts dans la société de libre partenariat pendant cinq années à compter de leur date d'acquisition[441].

En cas de non-conservation des parts, les écarts de valeur liquidative mentionnés précédemment seront intégrés au résultat fiscal de la société bénéficiaire pour chaque exercice de détention des parts[442].

Suite au non-respect des règles de composition de l'actif, seront inclus dans le résultat fiscal de chaque société porteuse

---

[438] CGI., art. 209-0 A.
[439] CGI., art. 209-0 A.
[440] CMF., art. L. 214-28, I.
[441] CGI., art. 209-0 A,, 1°, al. 6.
[442] F.-D. POITRINAL, G. GRUNDELER, *op. cit.*, n° 110, p. 140-141.

de parts et imposés à taux plein de l'IS les écarts de valeur liquidative n'ayant pas été imposés jusqu'alors[443].

Lorsque est constatée une rupture de l'engagement de détention des parts, une taxe devra être versée sous trois mois à compter du jour de clôture de l'exercice sans être déductible de l'assiette prévue pour la détermination du résultat annuel imposable[444].

Une holding ou un fonds d'investissement alternatif par objet ne sont soumis à aucune obligation similaire. Les différents *partnerships* étrangers non plus. Cela place encore la société de libre partenariat dans une position peu concurrentielle lorsqu'il s'agit d'opter pour une structure d'investissement.

B-Les associés non résidents soumis à un impôt équivalent

144. Réitération des interrogations juridiques. Reprenant nos observations formulées concernant le régime fiscal prévu pour les associés non résidents soumis à un impôt étranger correspondant à l'IR en cas de non-distribution de sommes de la part de la société de libre partenariat, celui réservé aux porteurs de parts non résidents assujettis à un impôt équivalent à l'IS relève aussi du flou juridique.

Le législateur ne prévoit aucune disposition en ce sens. Il laisse ainsi les praticiens dans une situation parfaitement incertaine puisque les articles du code général des impôts ne s'appliquant pas aux résidents étrangers, et ce en toute logique, aucune règle n'est alors prévue pour eux. Comme

---

[443] V. en ce sens : Fl. MOULIN, D. SCHMIDT, *op. cit.*, n° 850, p. 616 ; pour un modèle d'état de suivi des écarts de valeurs liquidatives des titres d'OPC (FIA et OPCVM) détenus par une société, v. : BOI-FORM-000045-20140325.

[444] CGI., art. 209-0 A, 1°, al. 6 ; v. en ce sens : F.-D. POITRINAL, G. GRUNDELER, *op. cit.*, n° 110, pp. 140-141.

nous l'avions fait remarquer précédemment, cela rebute les investisseurs étrangers lorsqu'il s'agit d'investir en France *via* une société de libre partenariat. Ceux-ci optent donc pour des véhicules bénéficiant d'une fiscalité plus établie et bien moins complexe.

L'illisibilité du régime fiscal de la société de libre partenariat est par conséquent établie ; cela au grand dam des investisseurs en capital-retournement qui attendaient pourtant beaucoup de cette forme sociale.

145. Le sort des distributions réalisées. L'assimilation fiscale à un fonds professionnel de capital-investissement dont bénéficie la société de libre partenariat nécessite le respect de certaines conditions. Il en va de même pour les sommes distribuées.

Section II - Des conditions d'imposition préférentielle des associés

146. La fiscalité réservée aux associés de la société de libre partenariat lors de distributions est préférentielle[445]. Elle en reste subordonnée au respect de certaines conditions pour les assujettis à l'impôt sur le revenu (**§1**) comme à l'impôt sur les sociétés (**§2**).

[445] Précisons que nous n'aborderont pas la fiscalité réservée aux parts de *carried interest* émises par la société de libre partenariat car celle-ci relève du droit fiscal commun applicable à ce type de parts. Il s'agit de faire application du régime de faveur des plus-values mobilières de long terme aux parts de *carried interest*. V. en ce sens : F.-D. POITRINAL, *op. cit.*, n° 109, pp. 139-140 ; Fl. MOULIN, D. SCHMIDT, *op. cit.*, n° 1014, p. 734 ; M. COZIAN, Fl. DEBOISSY, *op. cit.*, n° 618, p. 277 ; BOI-RPPM-PVBMI-60-10-20160304.

§1. Des conditions pour les associés soumis à l'IR

147. L'exigence légale de conditions d'imposition touche tant les associés de la société de libre partenariat résidents fiscaux français (**A**) qu'étrangers (**B**).

A-Les associés résidents français soumis à l'IR

148. Conditions d'absence d'imposition des produits distribués. Le ratio de 50 % d'investissements éligibles doit être respecté par la société de libre partenariat afin de pouvoir prétendre au régime de faveur précité.

Mais la société doit aussi respecter les conditions posées par l'article 163 *quinquies* B I et III du code général des impôts (quota fiscal) pour l'application du traitement fiscal de faveur aux produits et plus-values distribuées aux résidents fiscaux français soumis à l'IR.

L'associé assujetti à l'IR doit détenir les parts de la société de libre partenariat durant au moins cinq années consécutives à compter de leur souscription[446]. Il doit réinvestir dans cette dernière les sommes ou valeurs perçues *via* les droits attachés à ses parts durant les cinq années[447].

Ce même associé et sa famille ne doivent pas détenir ensemble, directement ou indirectement plus de 25 % des droits dans les bénéfices de la société durant la période de cinq années précitée[448].

Lorsque la totalité de ces conditions est remplie, les sommes perçues sont exonérées de tout prélèvement d'IR. Seuls subsistent les prélèvements sociaux. Le régime fiscal préférentiel s'applique aux sommes perçues pendant la durée

---

[446] CGI., art. 163 *quinquies* B, I, 1°, al. 1er.
[447] CGI., art. 163 *quinquies* B, II, 2°.
[448] CGI., art. 163 *quinquies* B, II, 3°.

de détention de cinq ans mais également au-delà de celle-ci dès lors que la période de détention a été respectée[449].

Selon les situations de non-respect de chaque condition précédemment exposée, soit c'est l'associé récalcitrant qui sera imposé à taux plein soit, par sa faute, tous les associés soumis à l'IR le seront[450]. Cela se fera au barème progressif au titre de l'année durant laquelle les conditions du traitement préférentiel ont cessé d'être observées[451]. Les prélèvements sociaux s'ajoutent là encore.

Seules les situations décrites par l'alinéa 2 du III de l'article 163 *quinquies* B permettent à l'associé de bénéficier du régime de faveur sans remplir la totalité des conditions exigées[452].

Les opérations de dissolution et liquidation ainsi que celles de fusion, scission, et d'apport partiel d'actifs sont soumises au régime des plus-values de cession de droits sociaux posé par l'article 150-0 A du code général des impôts[453].

Toutefois, lorsque les conditions propres à la société de libre partenariat posées pour le régime fiscal de faveur envers les produits et plus-values distribuées ne sont plus observées, alors l'exonération est remise en cause pour chaque porteur de parts[454]. Dans pareille situation, les sommes ou valeurs qui ont été exonérées d'IR sont réintégrées au revenu imposable de l'année au cours de laquelle la société de libre partenariat à cessé de remplir les conditions précitées[455].

---

[449] Fl. MOULIN, D. SCHMIDT, *op. cit.,* n° 834, p. 603 ; F.-D. POITRINAL, G. GRUNDELER, *op. cit.,* n° 105, p. 138.

[450] BOI-RPPM-RCM-40-30-20140211, § 370 et s.

[451] CGI., art. 163 *quinquies* B, III, al. 1er.

[452] CGI., art. 163 *quinquies* B, III, al. 2.

[453] Fl. MOULIN, D. SCHMIDT, *op. cit.,* n° 835, p. 603 ; pour le détail du régime susvisé, v. notamment : M. COZIAN, Fl. DEBOISSY, *op. cit.,* 2015, n° 614 et s., pp. 276 et s.

[454] BOI-RPPM-RCM-40-30-20140211, § 370, al. 2.

[455] BOI-RPPM-RCM-40-30-20140211, § 370, al. 1er.

B-Les associés non résidents soumis à un impôt équivalent

149. Retenue à la source des produits distribués. En application de l'article 137 *bis,* II du code général des impôts, les produits distribués par la société de libre partenariat à ses associés non résidents sont soumis à une retenue à la source de 30 %[456] lorsqu'ils proviennent d'une société française[457].

Concernant la fraction des produits de placement à revenu fixe dont le débiteur a son siège en France, ceux-ci sont soumis au prélèvement instauré à l'article 125 A, III du code précité[458] selon les taux prévus par le III *bis* du même article.

Précisons toutefois que lorsque le porteur de parts bénéficiaire des produits distribués réside dans un État dit « non-coopératif »[459], la retenue à la source s'élève à 75 % des sommes[460].

---

456 CGI., art. 119 *bis*, 2.

457 CGI., art. 187, 1.

458 BOI-IS-BASE-60-20-20-20120912, § 110, al. 1er, lequel précise à propos de la fraction des produits de placements à revenu fixe dont le débiteur a son siège en France, que « pour plus de précisions sur les exonérations et le taux du prélèvement applicable, il convient de se reporter à la série RPPM au BOI-RPPM-PSOC », tout en sachant que les taux sont listés à l'art. 125 A, III *bis* du CGI.

459 Par la notion « d'État non-coopératif » en matière fiscale, le législateur précise qu'il faut entendre « les États et territoires non membres de la Communauté européenne dont la situation au regard de la transparence et de l'échange d'informations en matière fiscale a fait l'objet d'un examen par l'Organisation de coopération et de développement économiques et qui, à cette date, n'ont pas conclu avec la France une convention d'assistance administrative permettant l'échange de tout renseignement nécessaire à l'application de la législation fiscale des parties, ni signé avec au moins douze États ou territoires une telle convention » : art. 238-0 A, 1, al. 1 er du CGI sur renvoi du BOI-INT-DG-20-50-20140211, § 1.

460 BOI-INT-DG-20-50-20140211, § 830.

Néanmoins, ces dispositions relatives aux retenues à la source s'appliquent à défaut de conventions fiscales plus favorables applicables aux associés.

Si la société de libre partenariat est dotée de la personnalité morale, elle reste cependant non assujettie à l'IS. N'étant pas considérée comme un sujet fiscal tout en étant qualifiée de société fiscalement opaque, elle doit faire face à des situations de double imposition de ses porteurs de parts non résidents.

En effet, la retenue à la source d'une distribution de produits s'élevant à 30 % reste conditionnée à l'application ou non d'une convention fiscale excluant la double imposition.

Or, cette convention n'aura que peu de chance d'être appliquée à la société de libre partenariat. Si « les stipulations conventionnelles font référence à la distribution d'un dividende par un résident d'un État contractant, la clause ne sera pas applicable et la retenue à la source de droit interne s'appliquera sans limitation »[461]. En revanche, si la clause « ne fait pas référence à cette condition d'assujettissement à l'impôt, le taux conventionnel devrait alors s'appliquer »[462].

Dès lors, il s'avère très compliqué pour les dirigeants de la société de libre partenariat d'arriver à séduire des investisseurs étrangers sachant pertinemment qu'ils seront soumis à un prélèvement à la source de 30 % dans le meilleur des cas. Une holding ou un fonds d'investissement alternatif par objet de droit étranger fiscalement transparent leur évite cette retenue. En pareille situation, ces entités peuvent se prévaloir personnellement des conventions évitant la double imposition, à la différence de la société de libre partenariat.

---

[461] Th GRANIER, B. FOUCHER, « Fiscalité de la SLP dans un contexte international : des incertitudes subsistent », *in* La lettre des Fusions-Acquisitions et du Private Equity, suppl. n° 1441, Option Finance, 11 déc. 2017.
[462] *Ibid.*

150. Des conditions touchant tout type d'associé. Comme le connaissent les associés personnes morales de la société de libre partenariat pour le régime d'imposition des non-distributions, celui réservé aux distributions s'inscrit dans un schéma de complexité identique.

§2. Des conditions pour les associés soumis à l'IS

151. La fiscalité réservée aux associés de la société de libre partenariat soumis à l'IS réclame le respect de conditions pour les résidents fiscaux français (**A**) comme pour les non-résidents (**B**).

A-Les associés résidents français soumis à l'IS

152. Conditions d'absence d'imposition des produits distribués. Lorsque la société de libre partenariat est soumise au régime commun des écarts de valeur liquidative de l'article 209-0 A du code général des impôts, le montant de toute distribution réalisée est soustrait de la valeur liquidative des parts et donc de l'assiette d'imposition de celles-ci[463].

Le législateur permet aux plus-values distribuées par la société de libre partenariat de bénéficier du régime de long terme sous respect des conditions posées par l'article 163 *quinquies*, I et II du code général des impôts[464].

Si ces conditions ne sont pas observées, notamment celle du ratio d'investissement de 50 % précité[465], alors, les plus-values distribuées par la société de libre partenariat seront

---

[463] Fl. MOULIN, D. SCHMIDT, *op. cit.*, n° 852, p. 617.

[464] CGI., art. 38, 5, 2°, al. 1er.

[465] CMF., art. L. 214-28, I. Rappelons que la SLP étant assimilée fiscalement à un FPCI constitué sous forme de FCP, les mêmes ratios d'investissement lui sont applicables afin de pouvoir bénéficier du régime de faveur des « fonds fiscaux ».

imposées à taux plein de l'IS au regard de l'article 209-0 A du code général des impôts.

Lorsque les conditions sont observées et que le montant de la plus-value reste inférieur au montant du prix d'acquisition initial des parts et qu'aucun excédent n'est donc constaté, alors aucune imposition ne peut s'appliquer à ces sommes[466].

Il en va de même tant que les apports libérés ne sont pas totalement amortis[467].

En revanche, lorsque le montant de la plus-value distribuée dépasse le montant du prix d'acquisition des parts, seul l'excédent est imposé au taux plein de l'IS si le fait générateur émane de titres de participation détenus par la société de libre partenariat depuis moins de deux ans[468]. Lorsque la société de libre partenariat détient depuis au moins deux ans les titres générateurs de la plus-value distribuée aux associés et que cette participation représente au moins 5 % du capital de la société émettrice, les sommes échappent à toute imposition[469].

Mais quand la participation de la société de libre partenariat représente moins de 5 % du capital de la société émettrice et que cette participation est détenue au moins depuis deux ans consécutifs, alors l'imposition issue là encore du régime des plus-values de long terme est de 15 %[470].

Concernant les plus-values issues de la cession des parts de commanditaires au sein de la société de libre partenariat par les associés personnes morales, la durée de détention est là encore décisive du taux d'imposition. En effet, quand les parts sont détenues depuis moins de cinq années, l'imposition se fait à taux plein de l'IS.

---

466 Fl. MOULIN, D. SCHMIDT, *op. cit.*, n° 857, p. 620.
467 *Ibid.*
468 BOI-IS-BASE-20-20-30-10-20130311, § 150 et s.
469 CGI., art. 219, I, a *sexies,* 1°.
470 CGI., art. 219, I, a *ter.*

Mais lorsque l'associé de la société de libre partenariat a opté pour le traitement fiscal de faveur, le régime des écarts de valeur liquidative décrit précédemment s'applique. L'imposition sera celle prévue par l'article 209-0 A du code général des impôts.

En revanche, quand l'associé de la société de libre partenariat cède ses parts après les avoir détenues durant au moins cinq années consécutives, le régime d'exonération appliqué est celui de l'article 219 I, a *sexies* du code précité.

Devront être observées les mêmes proportions et conditions que pour les plus-values distribuées en dehors de toute cession de parts de la société de libre partenariat par les associés.

B-Les associés non résidents soumis à un impôt équivalent

153. Conditions de non-imposition. Concernant les plus-values réalisées par la société de libre partenariat et distribuées à ses porteurs non-résidents, les sommes en cause bénéficient d'une exonération totale d'imposition et de prélèvement à la source dès lors qu'aucun porteur de parts ne perçoit directement ou indirectement plus de 25 % des bénéfices de la société émettrice[471].

Pour les plus-values générées par la cession de droits sociaux détenus conformément aux dispositions de l'article 164 B, I, f du code général des impôts, le législateur indique que les sommes en découlant sont soumises à un prélèvement de 45 % à la source[472]. Cela vaut « lorsque les droits dans les bénéfices de la société détenus par le cédant ou l'actionnaire ou

---

[471] CGI., art. 244 *bis* C, al. 1 er sous réserve que les conditions posées par l'art. 244 *bis* B, al. 1er ne soient pas remplies ; v. en ce sens : BOI-RPPM-RCM-40-30-20161207, § 260.

[472] CGI., art. 244 *bis* B, al. 4 précise que l'impôt doit être « acquitté dans les conditions fixées au IV de l'article 244 *bis* A ». Cependant, le

l'associé, avec son conjoint, leurs ascendants et leurs descendants, ont dépassé ensemble 25 % de ces bénéfices à un moment quelconque au cours des cinq dernières années »[473].

Précisons que les 25 % détenus s'entendent pour un résident étranger comme l'addition de ses droits possédés directement ou indirectement par celui-ci. Le prélèvement à la source s'élève à 75 % lorsque le bénéficiaire de la plus-value réside dans un État dit « non-coopératif »[474].

Mais l'application de l'article 244 *bis* B précité n'est possible que si aucune convention fiscale évitant la double imposition n'y fait obstacle. Toutefois, la majorité des conventions s'y opposent : « soit parce que la convention retire le droit d'imposer à la France les plus-values de ce type ; soit parce que la convention, quand bien même elle permettrait l'imposition des cessions de participations substantielles, ne permet l'imposition qu'en cas de cession de titres d'une société résidente et la société de libre partenariat ne devrait pas être qualifiée de société résidente ; soit enfin parce que la répartition d'avoirs, sans annulation de parts, n'est pas une aliénation au sens conventionnel »[475].

Néanmoins, ces dispositions relatives au régime de retenue à la source et à son exception décrites précédemment

---

législateur précise que « les personnes physiques qui ne sont pas fiscalement domiciliées en France au sens de l'article 4 B peuvent demander le remboursement de l'excédent du prélèvement de 45 % lorsque ce prélèvement excède la différence entre, d'une part, le montant de l'impôt qui résulterait de l'application de l'article 197 A à la somme des gains nets mentionnés au présent alinéa et des autres revenus de source française imposés dans les conditions de ce même article 197 A au titre de la même année et, d'autre part, le montant de l'impôt établi dans les conditions prévues audit article 197 A sur ces autres revenus » : art. 244 *bis* B, al. 1er.

[473] CGI., art. 244 *bis* B, al. 1er sur renvoi de al. 3.

[474] CGI., art. 244 *bis* B, al. 2 sur renvoi de al. 3.

[475] Th GRANIER, B. FOUCHER, *art. préc.*

s'appliquent également aux plus-values réalisées à l'occasion de la cession de leurs parts par les associés non-résidents français[476]. Seules les institutions publiques étrangères échapperont à cette retenue[477].

En pratique, la condition de détention maximale de 25 % des droits sociaux de la société de libre partenariat ajoute là encore de la complexité aux investisseurs en refinancement d'entreprises en difficulté. De plus, l'article 244 *bis* B du code général des impôts s'applique seulement aux cessions de titres réalisées par une société soumise à l'IS[478]. Les associés personnes physiques résidents étrangers de la société de libre partenariat en sont donc exclus.

---

[476] CGI., art. 244 *bis* B, al. 1er.
[477] CGI., art. 244 *bis* B, al. 5.
[478] Th GRANIER, B. FOUCHER, *art. préc.*

Bibliographie

Classement par ordre alphabétique

Articles

BENHAMOU (C.), « La société de libre partenariat : analyse d'un traitement fiscal paradoxal », n° 4, p. 5 *in* Rev. de droit fiscal, 24 nov. 2016, hebdomadaire, n° 47.

BUCHER (F.), « Quel impact des règles d'*Asset Stripping* sur le *Private Equity* français ? », STC Partners, Flash, 28 mars 2014.

CAUSSE (H.), « La théorie classique du patrimoine selon Aubry et Rau, cette fois, c'est bien fini. À propos du projet qui institue pour tout entrepreneur la possibilité de créer un véritable patrimoine d'affectation », Direct Droit, 30 janv. 2010.

CHACORNAC (J.), « La société de libre partenariat ou le "réveil paradoxal" de la société en commandite simple », *CREDA*, lettre n° 2015-27, 5 oct. 2015.

COURET (A.), LEFAILLET (Ch.), « La structuration des droits pécuniaires des investisseurs : l'affirmation d'une vraie liberté », *in* La Lettre des Fusions-Acquisitions et du *Private Equity*, suppl. n°1441, Option Finance, 11 déc. 2017.

COURET (A.), LE ROUX (P.), SUTOUR (J.), « La société de libre partenariat », Option Finance, 5 oct. 2015.

COURET (A.), LE ROUX (P.), SUTOUR (J.), « La société de libre partenariat : anatomie d'un mutant juridique », *Rev. trim. de dr. fin.*, 1er novembre 2015, n°3, pp.69-70.

DEKEUWER-DEFOSSEZ (F.), « L'unification des sociétés civiles ou commerciales : vers un droit commun ? Les sociétés en participation », *RTD com.* 1984, p. 569.

DONDERO (B.), « La société de libre partenariat (SLP) », Actes prat. ing. sociétaire n° 143/2015, p. 31.

GOETZ (N.), FORNIER (G.), « La société de libre partenariat : le "limited partnership" à la française », Option finance 2015, n° 1338, p. 28.

GRANIER (TH.), FOUCHER (B.), « Fiscalité de la SLP dans un contexte international : des incertitudes subsistent », *in* La lettre des Fusions-Acquisitions et du *Private Equity*, suppl. n° 1441, Option Finance, 11 déc. 2017.

GRANIER Th.), FOUCHER (B.), « Fiscalité de la SLP dans un contexte international », Option Finance, 14 déc. 2015.

HANNECART-WEYTH (W.), « Société de libre partenariat un nouvel espoir pour le financement des PME ? », *in* Les Nouvelles Fiscales, n° 1164, 15 oct. 2015.

LE ROUX (P.), BOGEY (L.), « SLP : le succès fiscal attendu est-il au rendez-vous ? », *in* La Lettre des Fusions-Acquisitions et du *Private Equity*, suppl. n° 1441, Option Finance, 11 déc. 2017.

LEVY (L.), La nationalité des sociétés, préf. GOLDMAN (B.), LGDJ, 1984.

LOUSSOUARN (Y.), « Nationalité des sociétés et communauté économique européenne », *RJ. com.*, 1990, p. 145

MASSART (Th.), « Les apports de savoir-faire dans la SAS », *Bull. Joly* 2009. 1154, n° 233.

MENJUCQ (M.), « La nationalité des sociétés », *Dict. Joly Sociétés.*

MOULIN (Fl.), « Alternative investment funds E-News », Jones Day, n°15, sept. 2015, pp. 1-4.

Option Finance, « Spécial restructuring : le calme avant la tempête », supplément d'Option Finance n°1356 du 7 mars 2016 et d'Option Droit et Affaires n° 297 du 2 mars 2016, p. 8.

RAJCZEWSKI (R.-K.), « AIFMD framework to continue to operate in the UK after *Brexit* », KPMG Fund news, 29 th nov. 2018.

REVAULT (P.-H.), « La fiscalité française des partnerships dans un contexte international », LesEchos,15 févr. 2000.

REYGROBELLET (A.), « La société de libre partenariat, un nouveau véhicule d'investissement », JCP, N 2015, p. 1222.

RIASSETTO (I.), « La société de libre partenariat, un nouveau fonds d'investissement professionnel dans le paysage de la gestion collective française », *Bull.* Joly Bourse 2015, n° 10.

RIASSETTO (I.), CORBISIER (I.), « La société de libre partenariat française et la société en commandite spéciale luxembourgeoise, quel degré de parenté ? », *Rev. sociétés* 2015.

RIASSETTO (I.), « Le devoir du gestionnaire d'OPC d'agir dans l'intérêt des porteurs de parts », *in Mélanges AEDBF-France IV,* GOURIO (A.) et DAIGRE (J.-J.) (dir.), 2013, p. 581.

RIASSETTO (I.), DUGUAY (N.), « Parts traçantes et FCP », BJB 2011, p. 57.

SCHILLER (S.) et PERIN (P.-L.), « Les apports en industrie dans les SAS », *Rev. sociétés* 2009. p. 59.

SPY (A.), « *Brexit* : quel impact pour les gérants ? », Option Finance, 05 juill. 2018.

STORCK (M.), « Sociétés de gestion de portefeuille. – Statut. Gestion collective (OPCVM-FIA). Gestion individuelle de portefeuille », JurisClasseur Banque – Crédit – Bourse, Fasc. n° 2210.

STORCK (M.), « Création d'un nouveau véhicule d'investissement, la société de libre partenariat, et renforcement de l'attractivité des OPCI », *RTD com.*, 2015.

SUTOUR (J.), « La place de la SLP dans le marché de la gestion d'actifs », *in* « La Lettre des Fusions-Acquisitions et du *Private Equity* », supplément n°1441, Option Finance, 11 déc. 2017.

SUTOUR (J.), BORDENAVE (A.), « Et pendant ce temps, la modernisation du cadre de la gestion d'actifs continue… », Option Finance, 30 oct. 2017.

SUTOUR (J.), FOUCHER (B.), « Le limited partnership à la française », Option finance 2015, n° 1311, p. 7.

THEIMER (A.), « Les apports en industrie dans une SAS », *JCP E* 2009, 2149.

Débats parlementaires

MACRON (E.), Sénat, Séance du 17 avril 2015 relative à l'amendement n° 35, présenté par Mme Assassi, M. Bocquet, Mme Beaufils, M. Foucaud.

Études

LexisNexis, *Prat.* notariales, Sociétés-Affaires, fasc. n° 1514 « Société civile », n° 38.

JurisClasseur Banque – Crédit – Bourse, Fasc. N° 2210, spéc. N° 141 et s.

Manuels, traités, chapitres

BEGUIN (J.), « La nationalité juridique des sociétés commerciales devrait correspondre à leur nationalité économique », *in Mélanges Pierre Catala,* 2001.

BONNEAU (Th.), DRUMMOND (Fr.), *Droit des marchés financiers, coll.* Corpus droit privé, 3e éd., Economica, 2010.

COURET (A.) et al., Lamy droit du financement, Lamy, 2017.

COZIAN (M.), VIANDIER (A), DEBOISSY (F.), *Droit des sociétés*, LexisNexis, 31e éd., 2018

DAUMET (J.), « Investisseurs en *Private Equity* » *in* BOIZARD (M.) et RAIMBOURG (Ph.) (dir.), *Ingénierie financière, fiscale et juridique*, 3e éd., Dalloz action, 2015.

De BISSY (A), « La personnalité fiscale du groupe en question(s) - Réflexion à propos de l'intégration fiscale et de la TVA consolidée » *in* BIOY (X.) (dir.), *La personnalité juridique*, PUF de Toulouse 1 Capitole, 2017.

DERRUPPE (J.), LABORDE (J.-P.), Droit international privé, Dalloz, 16e éd., 2017.

GALLAIS-HARMONNO (G.), *SICAV et Fonds commun de placement, les OPCVM en France, coll.* Que sais-je ?, Puf, 2e éd., 1995.

HALPERIN (J.-L.), Histoire du droit privé français depuis 1804, PUF, 1996.

LANDIER-JUGLAR (A.), BOMPAIRE (F.), *Gestion collective - Gérant et dépositaire face à la maîtrise des risques, coll.* marché finance, Revue Bancaire, 2018.

LE CANNU (P.), DONDERO (B.), *Droit des sociétés*, Domat droit privé, Montchrestien, 7e éd., 2018.

LÉOBON (Th.), *Droit commercial*, (ss. dir.) Ch. SINNASSAMY, *coll.* Lexifac Droit – Licence Master, Bréal, 2018.

MERLE (Ph.), FAUCHON (A.), *Droit commercial-Sociétés commerciales*, Dalloz, 1re éd., 2018.

MOLONEY (N.), *EU securities and financial markets regulation, coll.* Oxford European Union Law Library, 3eéd., OUP Oxford, 2016.

MOULIN (Fl.), SCHMIDT (D.), *Les fonds de capital investissement - Principes juridiques et fiscaux*, 4e éd., *coll.* City & York Haute Finance, Gualino, 2018.

POITRINAL (F.-D.), GRUNDELER (G.), *Le capital-investissement Guide juridique et fiscal*, 5e éd., Revue Banacaire, 2015.

RIASSETTO (I), STORCK (M.), « La résolution bancaire entre droit commun des procédures collectives et droit commun de la régulation » *in Mélanges en l'honneur de Jean-Luc VALLENS, Liber amicorum,* Joly, oct. 2017.

SOPPE (A.), *New Financial Ethics : A Normative Approach*, Routledge, Jordan publishing, 2016.

VABRES (R.), « Chapitre II. Les sociétés de gestion collective de portefeuille », *in* BONNEAU (Th.) et al., *Droit financier*, Domat droit privé, Montchrestien, 1re éd., 2018.

Thèses

FEYDEL (R.), *Le refinancement d'entreprises en difficulté – Contribution à l'optimisation juridique du concept de capital-retournement*, Thèse, ss. dir. BAYLE (M.) et LÉOBON (Th.), Univ. Limoges, 2019.

Index alphabétique

A

B

C

D

E

F

T

Table des matières

CHAPITRE I

CHAPITRE II

SCIENCES ÉCONOMIQUES AUX ÉDITIONS L'HARMATTAN

Dernières parutions

L'AMAZONIE EN FEU ?
Etat d'urgence
Jean-Jacques Fontaine
Août 2019, l'Amazonie brûle, le monde diplomatique s'enflamme et la crise devient planétaire. Mais le feu cache autre chose : c'est du déboisement sauvage qu'il s'agit, et qui a repris depuis que le président Jair Bolsonaro a promis d'encourager le développement productif de l'Amazonie. On craint désormais l'anéantissement programmé de la forêt brésilienne. Au cours des sept premiers mois de 2019, la déforestation en Amazonie brésilienne a augmenté de 67 % par rapport à la même période de 2018. Ce livre, écrit dans l'urgence, retrace les multiples contradictions de l'écosystème forestier brésilien qui ont mené à cette catastrophe.
(Coll. Horizons Amérique Latine, 142 p., 15,5 euros)
ISBN : 978-2-343-18505-7, EAN EBOOK : 9782140130878

DIVIDENDE DÉMOGRAPHIQUE ET DÉVELOPPEMENT DURABLE TOME 2
Fondements théoriques et modèles normatifs
Latif Dramani
Préface d'Andrew Mason et Ronald Lee - Postface de Mabingue Ngom
Cet ouvrage consacre l'élargissement des connaissances sur l'interaction entre la population et l'économie dans le monde et particulièrement en Afrique. De manière plus précise, il met en exergue le rôle potentiel de l'optimisation du dividende démographique dans l'amélioration des perspectives de développement des pays en voie de développement. L'objectif principal est de proposer un modèle normatif ainsi que des outils et méthodes appropriées à l'élaboration de politiques multisectorielles efficaces visant à améliorer le bien-être des populations.
(Coll. Harmattan Sénégal, 450 p., 45 euros)
ISBN : 978-2-343-17643-7, EAN EBOOK : 9782140130571

DIVIDENDE DÉMOGRAPHIQUE ET DÉVELOPPEMENT DURABLE TOME 1
Fondements théoriques et modèles normatifs
Latif Dramani
Préface d'Andrew Mason et Ronald Lee - Postface de Mabingue Ngom
Cet ouvrage consacre l'élargissement des connaissances sur l'interaction entre la population et l'économie dans le monde et particulièrement en Afrique. De manière plus précise, il met en exergue le rôle potentiel de l'optimisation du dividende démographique dans l'amélioration des perspectives de développement des pays en

voie de développement. L'objectif principal est de proposer un modèle normatif ainsi que des outils et méthodes appropriées à l'élaboration de politiques multisectorielles efficaces visant à améliorer le bien-être des populations.

(Coll. Harmattan Sénégal, 228 p., 25,5 euros)

ISBN : 978-2-343-17642-0, EAN EBOOK : 9782140130564

PRÉVENTION ET GESTION DES CONFLITS COMMUNAUTAIRES EN AFRIQUE PAR L'APPROCHE TERROIR

El Hadj Sall

Les populations du monde rural généralement pauvres sont les plus dépendantes des ressources naturelles à partir desquelles elles tirent leurs moyens d'existence. La gestion des terroirs en tant qu'approche, permet de mieux gérer l'espace rural en tirant profit de ses ressources, tout en assurant leur pérennité. Basée sur la concertation et le dialogue, elle permet de contribuer au développement local. L'ouvrage tente de montrer, à partir d'un exemple concret, comment les conflits communautaires peuvent être prévenus et gérés par cette approche.

(Coll. Harmattan Sénégal, 80 p., 12 euros)

ISBN : 978-2-343-18245-2, EAN EBOOK : 9782140129971

DUBAI 5.0, THE NEW MODEL

International Innovation Challenge

Yoni S.N. Engerran, Soraya Manel Djermoun

Prefaced by Jean-Hervé Lorenzi

What do you think about Dubai ? Oil, sand, camels ? In this book, the authors offer the keys to understand this modern and innovative City; through its History, its macroeconomy, its Government and all the strategies used and applied to reach such power nowadays. The State objectives and challenges : EXPO 2020, Vision 2021, Area 2071...The will cover the predominant foreign labor force, the ministries and laws governing the State, the taxation, the economic and financial tools, and we will explain how SME's and larger companies can be part of this successful market and how to enter it.

(182 p., 29,9 euros)

ISBN : 978-2-343-18321-3, EAN EBOOK : 9782140130113

CHANGEMENTS CLIMATIQUES ET MOUVEMENTS MIGRATOIRES EN AFRIQUE SUBSAHARIENNE

Comment les catastrophes naturelles et les flux humains dictent leur loi...

André Tassou

Préface du Pr Bernard Gonné

Des catastrophes climatiques sans pareil, notamment l'aridité des sols cultivables et les inondations régulières, provoquent des flux migratoires qu'intensifient les crises socio-politiques et alimentaires causées, en partie, par la « mauvaise gouvernance » et les attaques terroristes fréquentes. Cet ouvrage présente les multiples facettes de ces différents phénomènes et de leurs conséquences environnementales, socio-économiques et politiques et montre que cette partie de l'Afrique située au sud du Sahara est particulièrement mal lotie, à cause de son milieu naturel défavorable et de la mauvaise gestion de la part de certains de ses dirigeants autocrates.

(Coll. Études africaines, 226 p., 23,5 euros)

ISBN : 978-2-343-18283-4, EAN EBOOK : 9782140129551

MANUEL DE FINANCES PUBLIQUES

Théophile Ahoua N'Doli
Préface de Sem Daniel Kablan Duncan

Ce « Manuel des Finances Publiques » se propose de faciliter la compréhension des finances publiques et la maîtrise du processus de gestion budgétaire de l'État dans une économie de marché, et particulièrement dans l'espace UEMOA. Il aide à mieux cerner les aspects théoriques et pratiques de la gestion des finances publiques ainsi que les problématiques liées à l'Impôt, à la comptabilité publique, au Tableau des Opérations Financières de l'Etat (TOFE), à la gouvernance économique et à l'endettement public.

(Coll. Harmattan Côte-d'Ivoire, 356 p., 36 euros)
ISBN : 978-2-343-18242-1, EAN EBOOK : 9782140129384

RÉSILIENCE ET DÉVELOPPEMENT AU NIGER
Essai de capitalisation d'une approche novatrice

Maman Saley

Cet ouvrage vise à donner une contribution, basée sur les expériences vécues des acteurs dans le domaine d'action humanitaire et du développement pour proposer un dispositif opérationnel des actions humanitaire et du développement qui prend en compte le continuum, urgence, réhabilitation et développement de manière à répondre aux réelles préoccupations de la population et impulser un développement durable.

(Coll. Harmattan Côte-d'Ivoire, 92 p., 12 euros)
ISBN : 978-2-343-18179-0, EAN EBOOK : 9782140128509

STADE COLTAN. EXTRACTION MINIÈRE ARTISANALE, RÉFORMES ET CHANGEMENT SOCIAL
à l'est de la République démocratique du Congo

Claude Iguma Wakenge

Ce livre est le résultat d'un travail de collecte des données tirées de nombreux entretiens approfondis dans le Nord-Katanga (province du Tanganyika à l'est de la République Démocratique du Congo, RDC), des récits de vie et de l'observation du minage artisanal de coltan. Il présente le contexte et le développement de l'extraction minière artisanale, ainsi que l'analyse des réformes minières. L'étude examine les retombées de cette initiative sur deux groupes d'acteurs-clés : les mineurs artisanaux et les « négociants » ou acheteurs des minerais. À partir des études de cas, ce livre suggère que pour que les réformes minières aient des retombées positives pour les mineurs et les négociants, il est crucial de repenser ces réformes en prenant en compte les défis émergents.

(Coll. Études africaines, 256 p., 25 euros)
ISBN : 978-2-343-17217-0, EAN EBOOK : 9782140128219

LE DÉBAT FISCAL : UNE PASSION FRANÇAISE

Dominique Villemot

La fiscalité est au coeur du débat politique français, comme l'a montré le grand débat national, alors que les gilets jaunes ont demandé baisse des impôts et justice fiscale. Cet ouvrage montre que la crise des gilets jaunes signifie le rejet des Français suite à une hausse continue des impôts et s'inscrit dans le prolongement des révoltes antifiscales précédentes. Le premier défi d'Emmanuel Macron est donc de baisser durablement les impôts tout réduisant le déficit. La fiscalité est en effet au coeur du pacte démocratique, mis en branle par une crise de la représentativité. Le second défi d'Emmanuel Macron sera de rétablir le consentement à l'impôt dans notre pays.

(Coll. Finances publiques, 204 p., 21,5 euros)

ISBN : 978-2-343-18026-7, EAN EBOOK : 9782140127373

COMPRENDRE LES SOCIÉTÉS MULTINATIONALES

Willy Molenga Lingoto

Préface de Mwayila Tshiyembe

Cet ouvrage dont le contenu gravite autour de l'intelligibilité des sociétés multinationales, soulève les problèmes qui portent sur l'image qu'elles présentaient aux yeux des États en développement : une menace sinon un danger pour leur souveraineté. Mais avec le temps, à l'avènement de la mondialisation, cette image s'est muée en bien dans la mesure où les multinationales sont actuellement considérées comme les seuls acteurs incontournables de la vie économique. Les États, jadis méfiants, cherchent plutôt aujourd'hui à les attirer par des appâts tels qu'un train de règlementations incitatives.

(Coll. Géopolitique mondiale, 148 p., 16,5 euros)

ISBN : 978-2-343-17919-3, EAN EBOOK : 9782140127328

CHINA'S RESTRUCTURING IN FINANCE AND REAL ESTATE

Yongsheng ZHAO

Finance and real estate that this book aims to analyse are two significant variables for the economic growth of an emerging economy like China during its four decades' reform and opening-up. Chapter One will analyze China's restructuring in finance: banking & credit system reforms, WTO-oriented reforms, among others - a thorny issue for Chinese State-owned banks and enterprises. Chapter Two will focus on China's restructuring in real estate. As a controversial sector in China, real estate is a pillar of growth but faces a risky bubble. In fact, different variables have contributed to the expansion of the Chinese housing market. Finally, policy recommendations will be advanced.

(Coll. FNIB, 150 p., 16,5 euros)

ISBN : 978-2-343-17064-0, EAN EBOOK : 9782140126796

MONNAIE ET SYSTÈMES DE PAIEMENT

Mutations, enjeux et risques

Abdellah Belmadani

La monnaie a émergé il y a presque 2800 ans. Bien matériel avec les pièces métalliques, elle est devenue un signe avec le billet, une écriture comptable avec le paiement scriptural et enfin une donnée avec le paiement électronique. En dépit du changement, ces supports monétaires jouissent d'une acceptation généralisée. Mais le récent paysage des paiements se distingue par l'émergence de deux catégories de monnaie avec de nouveaux acteurs : les monnaies électroniques gérées par des entités non bancaires mais agréées, et les monnaies virtuelles qui circulent en privé et sans réglementation. Cette catégorie des crypto-monnaies, redoutée par les autorités, suscite craintes et controverses.

(Coll. L'esprit économique, 256 p., 27 euros)

ISBN : 978-2-343-17965-0, EAN EBOOK : 9782140126208

Structures éditoriales du groupe L'Harmattan

L'Harmattan Italie
Via degli Artisti, 15
10124 Torino
harmattan.italia@gmail.com

L'Harmattan Hongrie
Kossuth l. u. 14-16.
1053 Budapest
harmattan@harmattan.hu

L'Harmattan Sénégal
10 VDN en face Mermoz
BP 45034 Dakar-Fann
senharmattan@gmail.com

L'Harmattan Cameroun
TSINGA/FECAFOOT
BP 11486 Yaoundé
inkoukam@gmail.com

L'Harmattan Burkina Faso
Achille Somé – tengnule@hotmail.fr

L'Harmattan Guinée
Almamya, rue KA 028 OKB Agency
BP 3470 Conakry
harmattanguinee@yahoo.fr

L'Harmattan RDC
185, avenue Nyangwe
Commune de Lingwala – Kinshasa
matangilamusadila@yahoo.fr

L'Harmattan Congo
67, boulevard Denis-Sassou-N'Guesso
BP 2874 Brazzaville
harmattan.congo@yahoo.fr

L'Harmattan Mali
Sirakoro-Meguetana V31
Bamako
syllaka@yahoo.fr

L'Harmattan Togo
Djidjole – Lomé
Maison Amela
face EPP BATOME
ddamela@aol.com

L'Harmattan Côte d'Ivoire
Résidence Karl – Cité des Arts
Abidjan-Cocody
03 BP 1588 Abidjan
espace_harmattan.ci@hotmail.fr

L'Harmattan Algérie
22, rue Moulay-Mohamed
31000 Oran
info2@harmattan-algerie.com

L'Harmattan Maroc
5, rue Ferrane-Kouicha, Talaâ-Elkbira
Chrableyine, Fès-Médine
30000 Fès
harmattan.maroc@gmail.com

Nos librairies en France

Librairie internationale
16, rue des Écoles – 75005 Paris
librairie.internationale@harmattan.fr
01 40 46 79 11
www.librairieharmattan.com

Lib. sciences humaines & histoire
21, rue des Écoles – 75005 Paris
librairie.sh@harmattan.fr
01 46 34 13 71
www.librairieharmattansh.com

Librairie l'Espace Harmattan
21 bis, rue des Écoles – 75005 Paris
librairie.espace@harmattan.fr
01 43 29 49 42

Lib. Méditerranée & Moyen-Orient
7, rue des Carmes – 75005 Paris
librairie.mediterranee@harmattan.fr
01 43 29 71 15

Librairie Le Lucernaire
53, rue Notre-Dame-des-Champs – 75006 Paris
librairie@lucernaire.fr
01 42 22 67 13

www.ingramcontent.com/pod-product-compliance
Lightning Source LLC
LaVergne TN
LVHW010939061026
849535LV00007B/2487